中央銀行は持ちこたえられるか

——忍び寄る「経済敗戦」の足音

河村小百合
Kawamura Sayuri

a pilot of wisd

目次

第一章　わが国の政策運営の油断と慢心――11

デフレ脱却が「至上命題」／二〇〇〇年代の日銀の「量的緩和」政策／マネタリーベースとマネーサプライ／世界中が仰天した異次元緩和／一度は消費税率を引き上げ／日銀による国債の〝買い占め〟／「事実上の財政ファイナンス」がもたらす油断と慢心

第二章　「財政危機」のあり得るシナリオ――31

債務調整の二つのパターン／連続的な債務調整／金融抑圧という前時代的手法／閉鎖経済下での金融抑圧のリスク／非連続的な債務調整／ギリシャの預金引き出し規制／終戦後に行われた預金封鎖

第三章　欧米諸国と日本「財政・金融政策」比較――49

リーマン・ショック後の欧州債務危機／増え続ける日本政府の債務残高規模／財政制約を意識する欧米主要国／財政再建を目指した各国の工夫／日銀の資産規模拡大が止まらない

第四章　金融危機後の「金利ゼロ」の世界と「量的緩和」―― 69

日銀の「量的緩和」は世界初の試み／マネタリーベースを増やしてもマネーサプライは増えず／日銀は「量的緩和」をどう着地させたか／正常化局面が最初から念頭にあったＦｅｄのＬＳＡＰ／日銀の経験に学んだ各国の中央銀行／ＥＣＢの慎重な政策運営

第五章　中央銀行は持ちこたえられるか ―― 91

「出口戦略」を一切明らかにしない日銀／巨額の超過準備解消がＦｅｄの「正常化」目標／

Ｆｅｄと日銀、取り組み姿勢の大きな違い／
〝バーナンキ・ショック〟と資産買い入れの縮小／
正常化加速のタイミングを計り続けるＦｅｄ／
正常化プロセス上の厳しい制約／
正常化に向かう局面で日銀に何が起きるか／
マイナス金利導入の結果、損失覚悟で国債を買い入れざるを得なくなった日銀／
日銀とＥＣＢのマイナス金利政策は異なる枠組み／
日銀の資産規模は二〇一七年末にはＧＤＰ比一〇〇パーセントを超える

第六章　財政破綻のリアルⅠ――欧州債務危機の経験から――　131

きっかけはギリシャの財政指標の粉飾／
財政規律の弛緩を招いたＥＣＢの証券市場プログラム／ドイツの反発／
短期国債金利の異常な上昇／ドラギ新総裁の用いた異例の手法／
戦後初めての先進国の国債の債務不履行／

ＳＭＰの反省から生まれた新たな枠組み／
欧州経済を救ったＥＣＢの「血も涙もない」対応

第七章　財政破綻のリアルⅡ――戦後日本の経験から――155
外国勢に買ってもらえない日本国債／「国内債務調整」のつぶさな記録／
敗戦直前に抱えていた国民所得比二六七パーセントの借金／
戦時下の日銀と現在の日銀の対照的な点／
「取るものは取る、返すものは返す」という対応／
財産税を原資にした内国債の償還／預金封鎖と新円切り替え／
最後の調整の痛みは間違いなく国民に及ぶ

第八章　蓄積され続けるリスクと遠のく正常化――175
日銀に蓄積され続ける大きなリスク／悠長な国債の「六〇年償還ルール」／
Ｆｅｄが保有資産の満期落ちに着手するとき／

戦後の「国内債務調整」の再現か／日本がＩＭＦの管理下に入る日／「とりあえず現状維持で」という当局の気分／浪費する時間はもはやない

第九章　なぜ掟破りの政策運営は〝放置〟されてきたか

メディアの報道は果たして的確なのか／記者から投げかけられた三つの質問／「いくらでもお札を刷れるから」という誤解／日銀が当座預金の付利を上げていかざるを得なくなるとき／財務運営リスクの問題に一切触れない日銀／金融界と学会との知見の乖離／中央銀行の先行きの金融政策運営に一切言及しないリフレ派／以前から問題だらけの日銀の説明姿勢／今の日銀に財政再建を語る資格なし

コラム：最近の国会での議論

第一〇章　子どもたちの将来への責任 241
「お上頼み」の気質が強い日本人／「想定外」という言い訳は許されない
あとがき 249
参考文献 253

図版作成／MOTHER

第一章　わが国の政策運営の油断と慢心

デフレ脱却が「至上命題」

安倍政権は、経済の分野では、「デフレ脱却」「二パーセントの物価目標」達成を、中央銀行である日本銀行と共有する目標として掲げ、「アベノミクス」といわれる政策運営を行ってきました。政権発足当初、これは①大胆な金融緩和、②機動的な財政出動、③民間投資を喚起する成長戦略という「三本の矢」で構成されていた政策運営です。この段階の「三本の矢」は、どれも〝手段としての経済政策そのもの〟に関するものでした。

そして、二〇一五年九月の自由民主党総裁再選後は、安倍政権は引き続き「デフレ脱却」を目標に掲げ、それまでの「三本の矢」を踏襲するとはしつつも、①国内総生産（GDP）六〇〇兆円の達成、②子育て支援拡充（「希望出生率一・八」実現）、③社会保障制度改革（「介護離職ゼロ」達成）、という「新三本の矢」を掲げました。今度の「三本の矢」は、〝具体的な目標〟に関するものでした。

では、このような政策運営を、二〇一三年から行ってきた結果はどうだったのでしょうか。それを振り返る前に、一九九〇年代以降の日銀の金融政策の流れをひととおり追ってみたいと思います。

二〇〇〇年代の日銀の「量的緩和」政策

図表1－1は、一九八〇年代末のバブル崩壊以降の、わが国の金融、物価情勢をたどったものです。九〇年代末に不良債権問題が深刻化した後から二〇〇〇年代にかけて、わが国の経済は低迷し、物価もジリジリと下がる「デフレ」状態が長期化しました。

中央銀行は通常、「政策金利」を上げ下げして金融政策運営を行います。日銀の場合の政策金利である無担保コール・オーバーナイト（以下O／N）金利について、九〇年代末に「ゼロ金利政策」が採用されて以降、最近に至るまで、ほぼ一貫してゼロパーセント近傍にある状態が、もうかれこれ一八年近く続いていることになります。

日銀は、九〇年代末以降、政策金利をゼロパーセントにまで下げてしまい、それ以上、下げられなくなっていました。そんななかでも、不良債権問題後の銀行危機を何とか収束させて、日本経済の立て直しにつなげようと、民間銀行から多額の国債を買い入れ、その対価として多額の資金を民間銀行に渡すという、新たな試みを実施しました。当時は福井

（資料）Datastreamのデータを基に筆者作成（本書の以下の図表に共通）。

（原資料）日本銀行、総務省統計局、内閣府。　（注）CPI前年比には消費税率引上げの影響を含む。

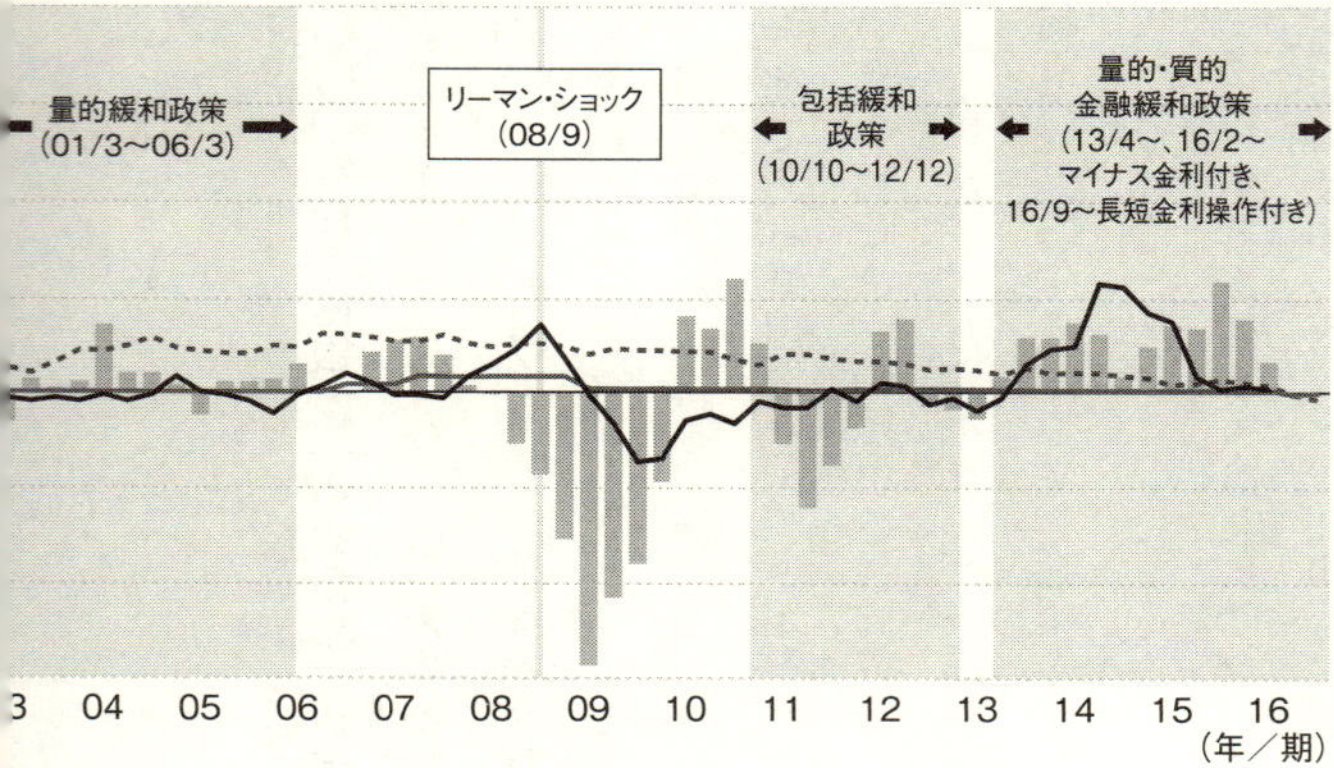

俊彦総裁の時代で、これが二〇〇一年から二〇〇六年まで行われた、「量的緩和」政策です。このような金融政策運営は、世界でも初めての試みでした。

マネタリーベースとマネーサプライ

お金というのは、中央銀行である日銀から世の中に対して、つまり私たち国民に対して、直接、供給されるものではありません。大まかに説明すると、日銀はまず民間銀行に対して供給し（これを「マネタリーベース」といいます）、民間銀行はそれを元手に企業や家計に対して貸出を行ったりして、世の中にお金を供給します（これを「マネーサプライ」[*1]といいます[*2]）。

図表1-1　日本の経済情勢と日銀の金融政策運営

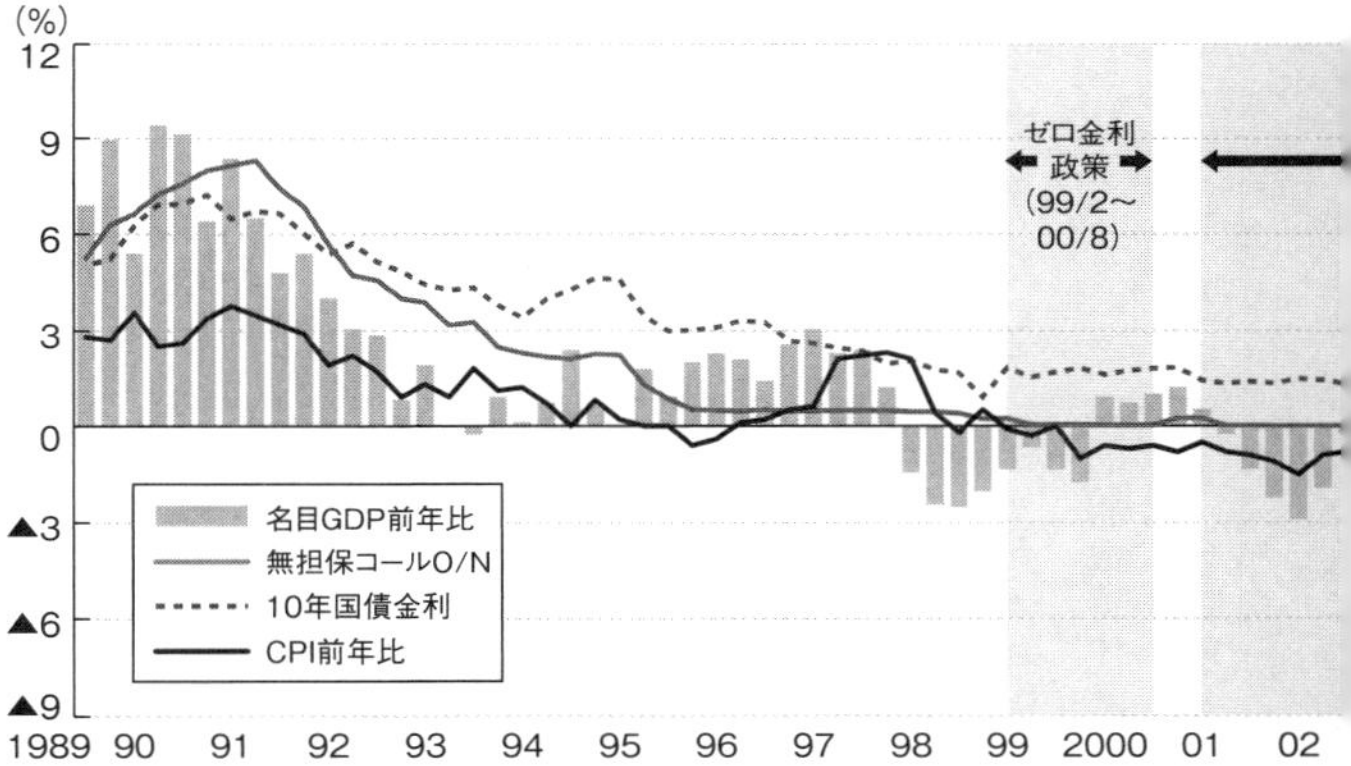

通常のプラスの金利がついている状況では、中央銀行が多額のお金（マネタリーベース）を民間銀行に供給すれば、銀行間の市場でつく金利が下がり、民間銀行は元手となる資金の調達が楽になるので、企業や家計向けの貸出を増やします。その結果、私たちの手もとに届くマネーサプライも伸び、景気はよくなり、物価も上昇します。これは、わが国のみならず、これまでどこの国においても同じように発生することが確認されてきたメカニズムです。このようなメカニズムが機能するからこそ、その時々の景気の良し悪しや物価情勢に応じて、金融政策運営によって調整する意味があったわけです。

当時の日銀は、すでにゼロパーセントになっていた金利がそれ以上は下がりようがないことを承知のうえで、銀行に供給するマネタリーベースを増加させる量的緩和政策を行っていました。マネタリーベースとは、現金通貨（銀行券と貨幣を合わせたもの）と、民間銀行が日銀に預ける日銀当座預金とで構成されるものです。日銀はマネタリーベースのうちの日銀当座預金を目標に掲げ、その額は、この「量的緩和」の終盤では三〇～三五兆円に達していました。これは量的緩和の導入当初、日本経済が不良債権問題で深刻な影響を受け、民間金融機関の破綻が相次ぎ、金融システムが揺らいでいた時期に金融危機を収束させるうえでは効果があった、との見方が広く共有されています。ただし、貸出や私たち国民の手もとに出回るお金（マネーサプライ）が伸びるようなこともなく、物価も目覚ましく回復することはありませんでした（図表1－2）。「量的緩和」政策は二〇〇六年三月に解除され、二〇〇八年四月には白川方明《まさあき》氏が日銀総裁に就任しますが、同年九月にリーマン・ショックが起こり、二〇一一年には東日本大震災が続いたことは、わが国経済にとっても大きな打撃であり、不運であったといえるかもしれません。白川前総裁時代にも、長引くデフレから何とか脱却すべく、二〇一〇年秋から二〇一二年末まで「包括緩和政策」が試みられましたが、日本経済がデフレ基調を払拭することはできませんでした。

そうしたなか、二〇一二年一二月の総選挙では自由民主党・公明党が民主党から政権を奪還し、第二次安倍政権が誕生しました。翌一三年一月二二日、内閣府・財務省・日銀は「デフレ脱却と持続的な経済成長の実現のための政府・日本銀行の政策連携について」という共同声明を発表し、安倍政権は、「デフレ脱却」「二パーセントの物価目標」達成に、日銀とともに取り組む姿勢を明確化しました。

二〇一三年三月、残るわずかな任期を残して退任した白川総裁の後の日本銀行総裁には、元財務官の黒田東彦《はるひこ》氏が就任しました。黒田氏の持論は、「それまでの日銀の金融緩和の度合いが足りなかったから、日本はデフレから長年、脱却できなかった」というもので、*3「自らが日銀総裁に就任すれば、二パーセントの物価目標を、二年程度で達成することをめざし、大胆な金融緩和を実施する」と述べていたのです。

世界中が仰天した異次元緩和

その言葉どおり、日銀は黒田新総裁就任直後の二〇一三年四月から、年間約五〇兆円と

と消費者物価指数前年比の推移

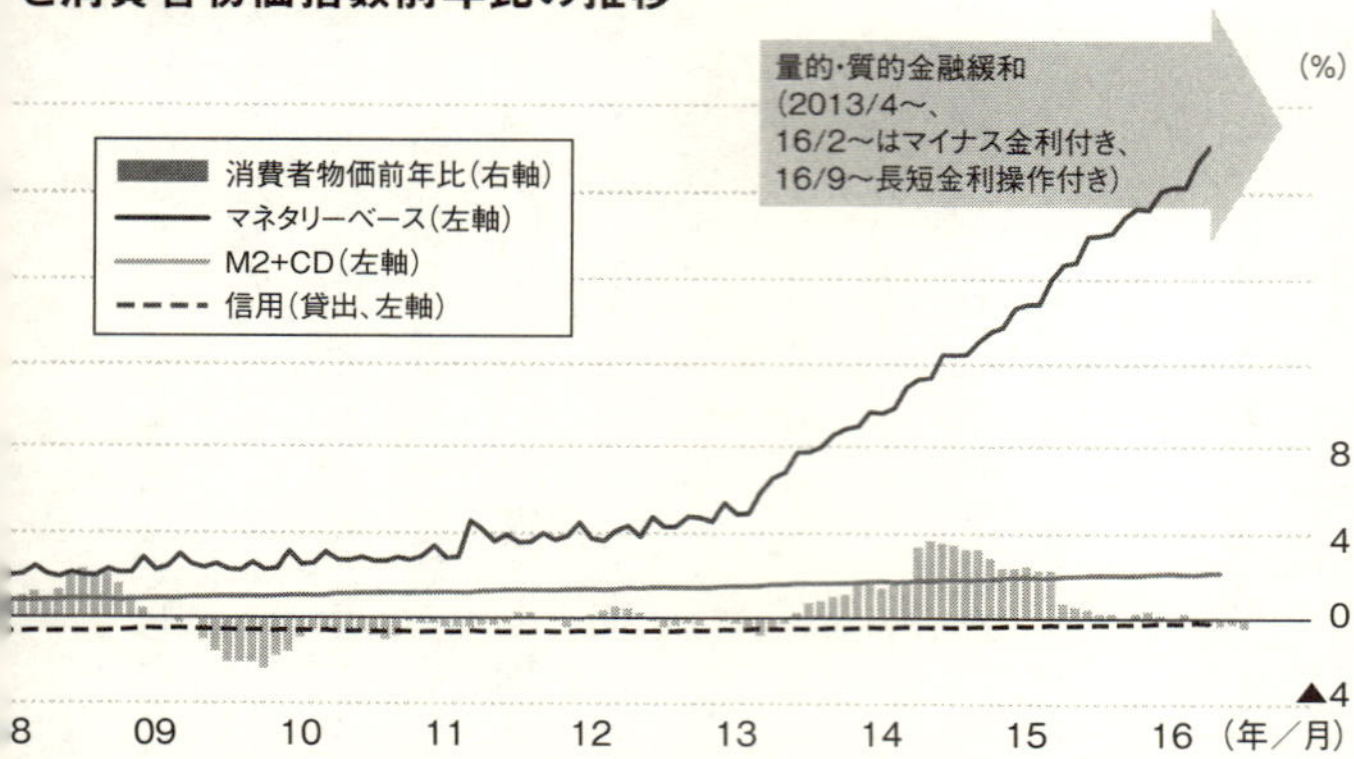

100として指数化。消費者物価のみは前年比で、2014年4月の消費税率引き上げの影響を含むベース。
2)が一致するように新統計を接続して表示。　（注3）貸出金は国内銀行銀行勘定と信託勘定の合計。

いう〝型破りの〞規模、前代未聞の規模で国債等を買い入れてマネタリーベースを供給する、という「量的・質的金融緩和」（以下QQE：Quantitative and Qualitative Easing）を開始したのです。「量的」のみならず「質的」とあるのは、ETF（指数連動型上場投資信託）やJ－REIT（不動産投資信託）の買い入れ額も拡大し、株や不動産といった資産価格への働きかけも企図していたことによります。これには、日本国内のみならず、世界中が仰天しました。国債等の買い入れの規模は、二〇一四年一〇月の追加緩和で、年間約八〇兆円に増額されました。黒田総裁の就任後、現在に至るまでのこのような金融政

図表1-2　日本のマネタリーベース・広義マネー・信用（1999年1月=100）

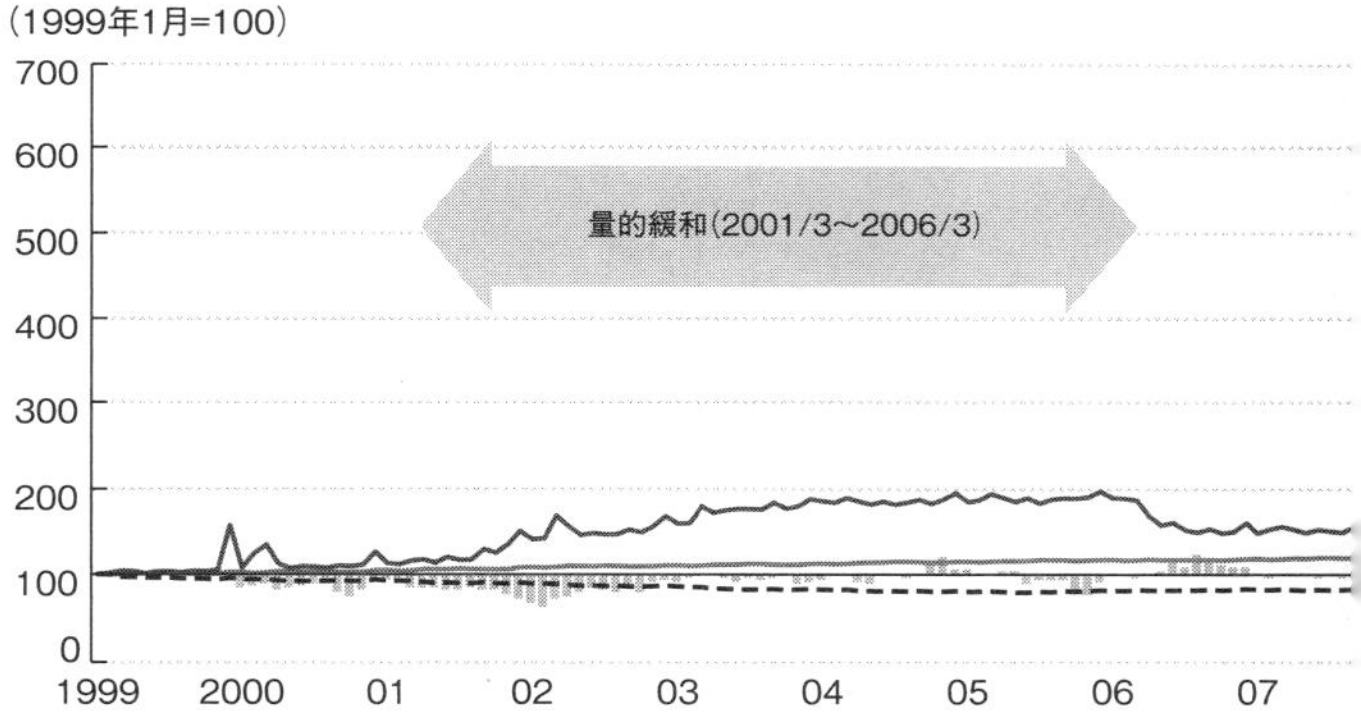

（資料）日本銀行時系列統計データを基に作成。　（注1）マネタリーベース、M2＋CD、信用（貸出）は1999年1
（注2）M2＋CDは連続する統計がないため、2003年4月時点の旧統計ベースの指数（1999年1月＝100とすると

策運営は、白川前総裁時代の「包括緩和政策」が長期国債を毎月二兆円程度買い入れるものであったことと比較してみても、いかに〝型破り〟の規模、〝異次元〟の規模で行われているのかがわかります。

それでは実際にはどうだったのでしょうか。最初は目覚ましい〝成果〟がみられました。大幅な円安が進み、輸入物価が上昇したことなどから、物価が上がり始めたのです（図表1－2）。

景気も、大企業中心ながら、好転しました。これは、安倍政権の発足直後、一三兆円規模という史上二番目に大型の補正予算による景気対策が行われたことや、主として輸出型の大企業の収益が好転したことによるものです。

ところがQQEの開始から三年半あまりが経過した最近はどうでしょうか。消費者物価の推移をみると、二〇一四年四月には消費税率の引き上げ分が上乗せされ、前年比プラス三パーセント台の伸びをみせました。しかし、増税効果が一巡した一年後の二〇一五年四月以降は、前年をわずかに上回る程度の水準に戻ってしまいました。二〇一六年四月以降は、前年比マイナスの幅が、月を追うごとに拡大してしまっています。物価の伸びはどうも落ちてきてしまった、力が続かない、という状況です。外国為替市場では、海外の経済情勢の影響などもあって、円高への揺り戻しも生じています。円安を背景に好調だった大企業の収益は息切れしつつあります。

一度は消費税率を引き上げ

財政運営の面ではどうだったのでしょうか。第二次安倍政権誕生前の民主党政権の終盤近くの二〇一二年六月、自民党・公明党も合わせての社会保障と税の一体改革に関する与野党三党合意が成立し、続く八月には関連法が成立しました。高齢化が急速に進んでいるなかで、消費税率を段階的に引き上げていって、財政事情の極めて厳しいなかではあるけれども、社会保障のレベルを何とか維持していきましょう、という与野党にまたがる画期的ともいえる合意でした。

その三党合意に従って、安倍政権は二〇一四年四月に、消費税率の一回目の引き上げ(五→八パーセント)を実施しました。その後、景気は失速を余儀なくされました。引き上げ前には、住宅投資などの「駆け込み需要」も発生していましたから、その反動が来ることに、やむを得ない部分もありました。しかし、安倍政権は「これでは日本経済が持たない。デフレからの脱却もできなくなる」と判断し二〇一四年一一月に、三党合意で予定されていた二〇一五年一〇月の二度目の引き上げを、二〇一七年四月へ先送りすることを決定しました。

わが国は、主要国のなかでも飛び抜けて、政府の抱える債務残高の規模が大きい国です(図表1－3)。政府債務残高の対名目GDP比が二〇〇パーセントを超えている国は、現在の先進国のなかでは、わが国以外にありません。二〇一二年中に二度の財政破綻に追い込まれたギリシャですら一七〇パーセント台です。これほどの借金大国が、予定されてい

の推移

（資料）IMF, World Economic Outlook Database, October 2016を基に作成。
（注）2015年以降（日本とポルトガルのみ2014年以降）はIMFによる見込み。

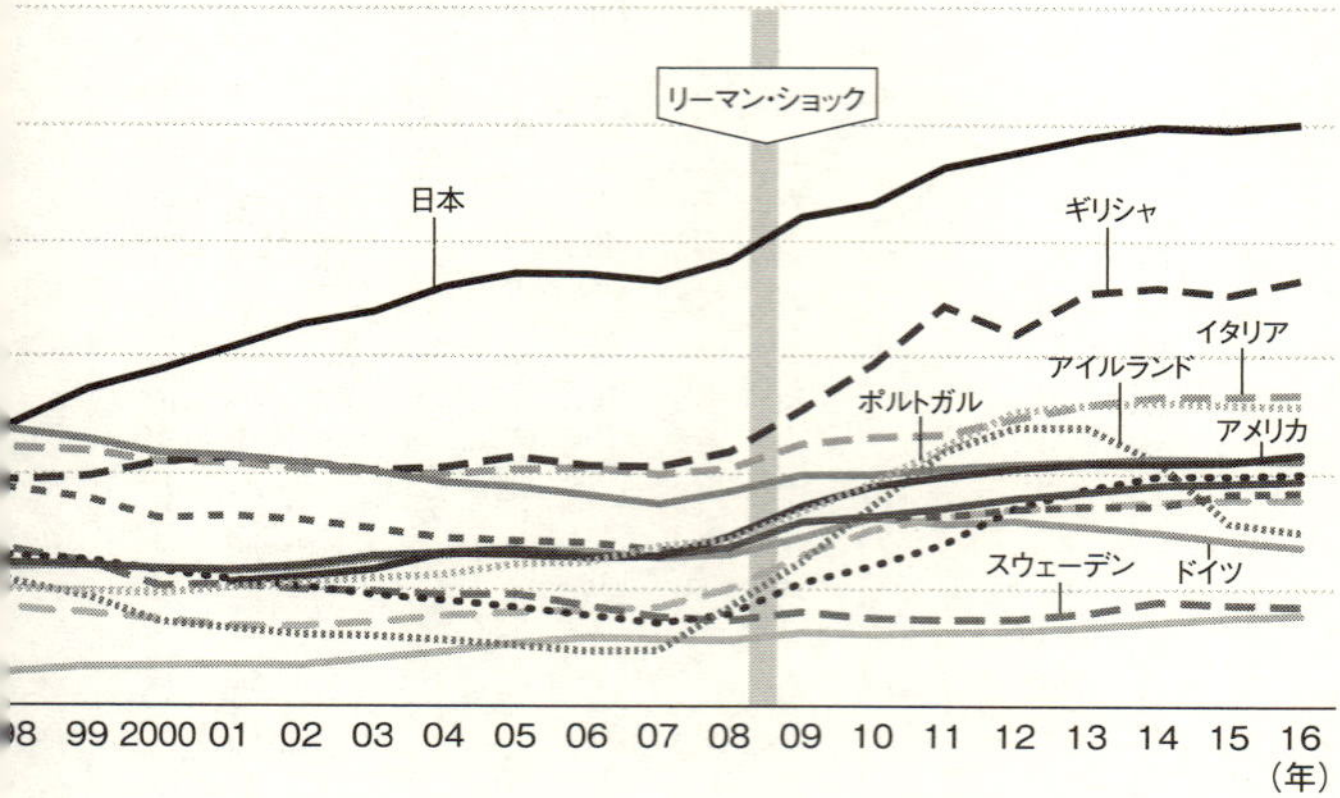

た増税を先送りするといえば、市場は財政再建が遠のいたと判断し、その国が発行する国債を売り浴びせて価格を下げ、より高い金利水準を要求してくるのが普通です。先行き、安定的な財政運営が維持できなくなるリスクが上昇したとみなされ、金利が跳ね上がることになるのです。

日銀による国債の〝買い占め〟

ところが、わが国の国債は、二〇一四年一一月に消費税率引き上げの先送りが決定されても大きく売り込まれることもなく、金利も上昇することはありませんでした（図表1－4）。上昇するどころか、ズルズ

図表1-3　先進各国の1980年代以降の政府債務残高規模（GDP比）

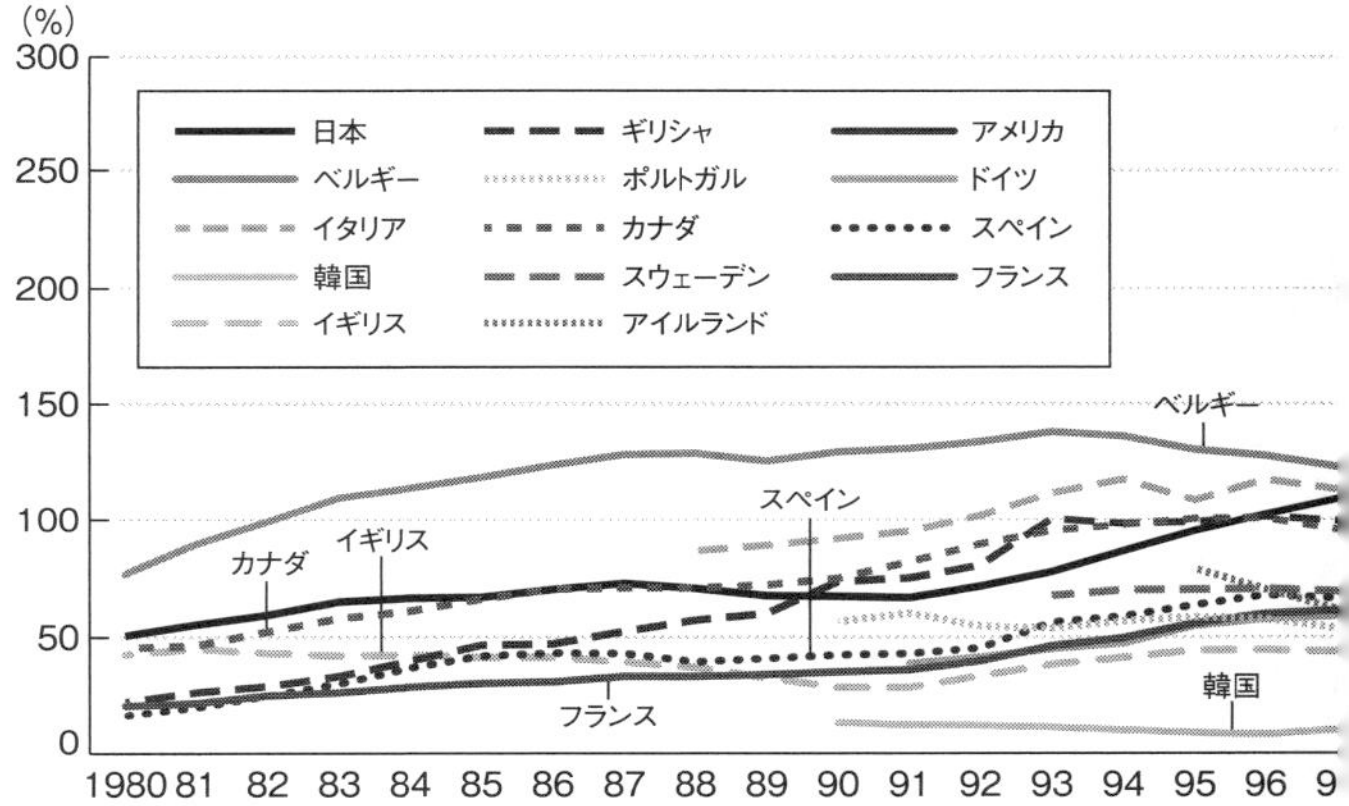

ルと下がっていったのです。なぜでしょうか。その理由は、日銀が「デフレ脱却」を目標に、〝型破り〟の規模、〝異次元〟の規模で、国債を買い入れ続けていたからです。いや「買い占め続けていた」という方が正確かもしれません。

わが国の国債などの主体別保有残高の推移をみると、二〇一五年度末には、中央銀行である日銀の保有残高（三六四兆円）はついに、預金取扱金融機関（銀行など。二三九兆円）や保険・年金基金（二四七兆円）を抜き、日本国債の最大の保有主体となってしまいました。

その結果、民間銀行などは、国債の保有

（資料）Datastreamのデータを基に作成。

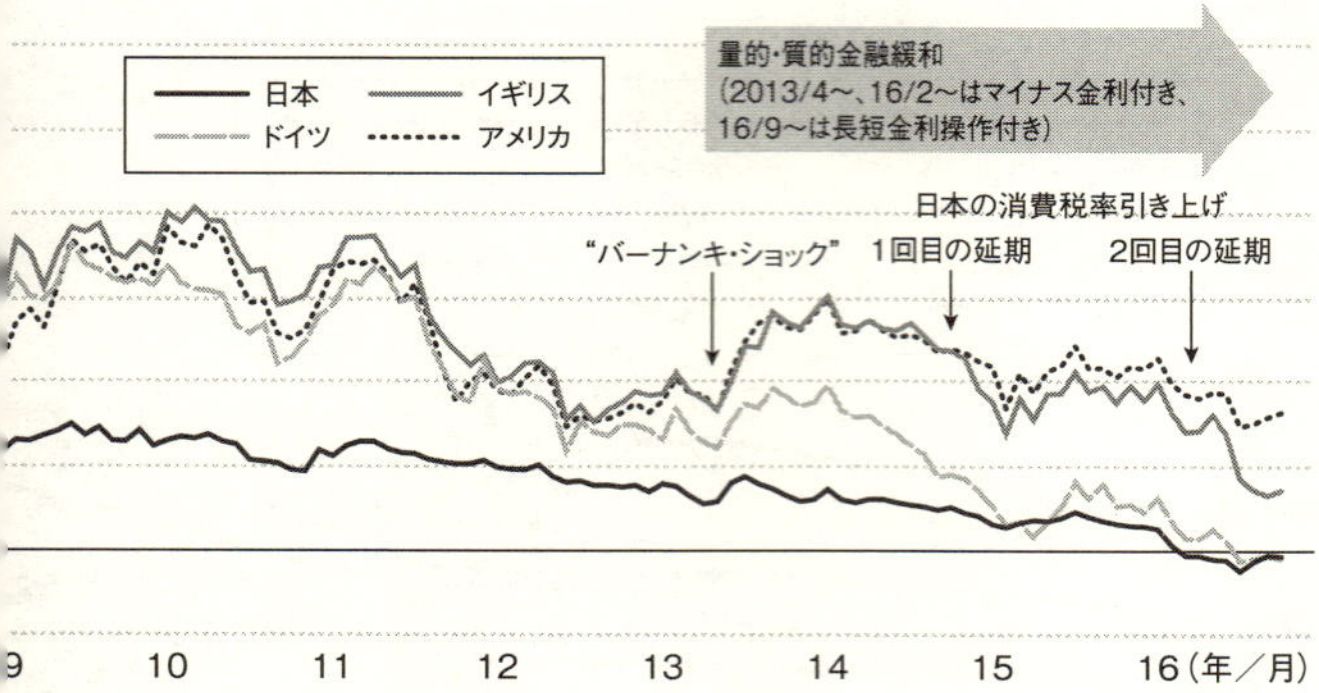

額を大きく減らしており、市場参加者同士での通常の国債取引は極端に細ってしまっています。日銀が国債市場を「抑えつけている」結果、市場参加者が先行きの様々なリスクを評価し、それを金利形成に反映させる力は、もはや殺《そ》がれてしまっているのです。

このような状況は、たとえ、日銀が直接、政府から国債を引き受けてはいないとしても、もはや「事実上の財政ファイナンス」状態に陥っていると私は思います。「財政ファイナンス」とは「中央銀行による国債引き受け」のことで、これまでの国内外の歴史的な経験からは、必ず放漫財政と財政破綻や高インフレを招来し、国民に甚大な負担を負わせる結末を引き起こすとして、現在では

図表1-4　主要国の10年国債金利の推移

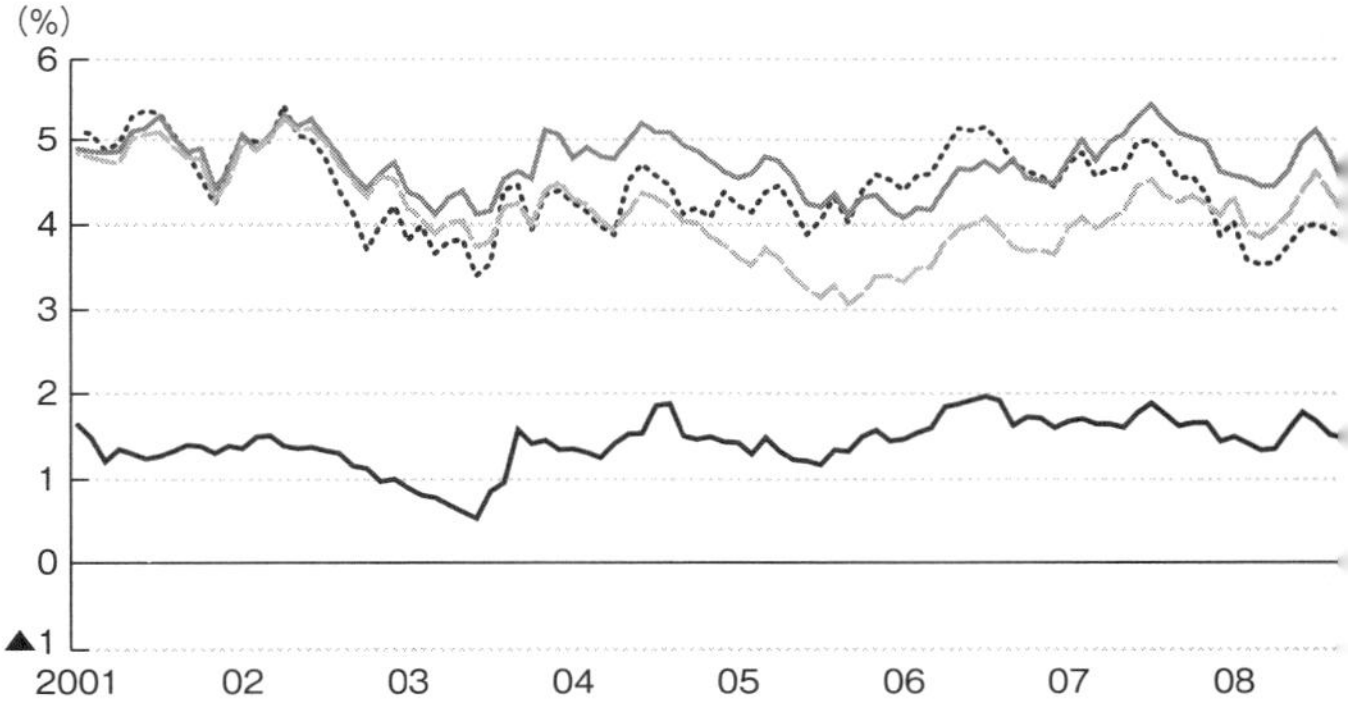

どの国も憲法や法律で禁じているものです。わが国でも財政法第五条で明確に禁じられています。

確かに、今、日銀が行っているQＥ（現在は「マイナス金利付き」）は、政府から直接、国債を引き受けているものではないため、財政法第五条には該当しません。また、当事者である日銀の黒田総裁も「財政ファイナンスではない」と繰り返し発言しています。しかしながらその実態は、財務省理財局が発行した国債を、民間金融機関が落札し、一晩、手もとに「寝かせた」だけで、翌日には日銀が実施する国債買い入れオペレーション（通称「オペ」）に出すというような形で実現されていることが広く知られています。巷《ちまた》では、これは「日銀トレード」と呼ばれているのです。

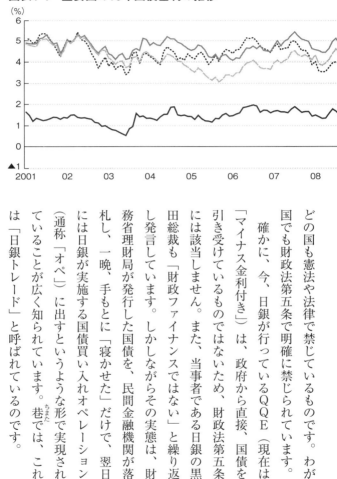

このように行われている日銀のQQEは、年間八〇兆円もの巨額の規模、平成二八年度の新発国債発行額約三四兆円（当初予算ベース）の二倍をゆうに超える規模で国債を買い入れるもので、その結果、実際にも、国債金利の変動は抑え込まれてしまっています。だからこそ私は、形式面や当事者の意図には関係なく、これはまさに「事実上の財政ファイナンス」に相当する、と思います。

「事実上の財政ファイナンス」がもたらす油断と慢心

これに「味をしめて」しまったのか、二〇一六年六月、安倍政権は、一度目の延期の際に「二〇一七年四月には必ず実施する」と約束していたはずの消費税率一〇パーセントへの引き上げを、再び延期してしまいました。今度は二〇一九年一〇月まで先延ばしすることにしたのです。日銀はそれに先立つ二月から、マイナス金利政策も導入しつつ、年間八〇兆円ペースでの国債買い入れを続けています。そして六月、消費税率の引き上げの再度の延期表明によっても、わが国の国債金利は再び、「微動だにしなかった」のです。

この三年半余りを振り返ってみれば、財政再建に向けての取り組みは、ほとんど〝棚上げ状態〟です。この国は、これほどの政府債務を抱えながら、それを今後どうやって維持し、財政運営を回しながら返していこうかなどということを一切、考えていないのかもしれません。

安倍政権は、自分たちが政権の座にある間は、このままうまくいく、もしかしたら、永遠にこのままうまくいく、と思っているのかもしれません。安倍政権のみならず、あたかも国全体が、この超低金利が、このまま永遠に続くと信じて疑わなくなってしまっているようです。「事実上の財政ファイナンス」によって、すっかり感覚が麻痺《まひ》してしまったこの国全体に〝油断〟と〝慢心〟が充満してしまっているように、私にはみえます。

しかし、このような状況は、今後いつまでも続けることができるものではありません。日銀がQQEという「事実上の財政ファイナンス」を続けられなくなったとき、そのときこそが、わが国の財政と経済にとっての正念場になると思います。では、続けられない事態に至るとすれば、それはどのようなきっかけによるのでしょうか。それはいつ頃、来る可能性があるのでしょうか。次章からそのことについて述べていきたいと思います。

註

＊1　本書では「民間銀行経由で世の中に出回るお金の総量」を表すものとして、この「マネーサプライ」という呼称を用いることにしますが、日銀が集計・公表している統計の固有名称としては、二〇〇八年四月までの「マネーサプライ」に代わり、現在では、その定義を一部変更した「マネーストック」が用いられています。

ちなみに、Ｆｅｄや ＥＣＢにおいては現在、「民間銀行経由で世の中に出回るお金の総量」を表す概念として「マネー総量（集計量）」（monetary aggregates）という呼称が用いられています。

＊2　厳密には、現金通貨（銀行券と貨幣を合わせたもの）は、日銀がまず民間銀行に供給し、民間銀行がそのままＡＴＭなどを通じて世の中に供給するため、マネタリーベースとマネーサプライの両方に、同額で計上されることになります。

＊3　例えば、日銀総裁候補としての所信聴取が行われた、二〇一三年三月四日の衆議院議院運営委員会では、総裁候補として出席した黒田東彦アジア開発銀行総裁（当時）は、次のように述べています（第百八十三回国会　衆議院　議院運営委員会会議録第十一号〈平成二五年三月四日月曜日〉より抜粋）。

（公明党　大口善徳委員の質問に対して）

「政府はいろいろな政策を過去十五年間講じてきたと思いますが、残念ながら、日本銀行の金融政策が必ずしも十分でなかったということもありましてデフレから脱却できなかったわけでして、デフレからの脱却の責任、物価安定の責任は、中央銀行、日本銀行にあるというふうに思います。」

（日本共産党　佐々木憲昭委員の質問に対して）

「何度も申し上げますが、デフレ、持続的な物価の下落というのが起こった原因としては、いろいろなことが重なっているということは、私は、そのとおりだと思います。

ただ、そういう事態に対して金融政策がもっと機動的に、もっと大胆に行われていれば、十五年もデフレが続くことはなかっただろう。現に、欧米を見ましても、リーマン・ショック後で大不況になったんですが、デフレには全くなっておりません。全世界で、先進国で、この十五年間、デフレになったところはないと思います。」

第二章　「財政危機」のあり得るシナリオ

債務調整の二つのパターン

この国の財政と経済にとっての正念場、財政危機というのは、どのような事態になることを意味するのでしょうか？　どういうケースがあるのか、そのとき国民はどういう目に遭うことになるのか、ということを最初にみておきたいと思います。

財政危機に陥ったとき、要するに国が借金を膨らませ過ぎて、気がついたときには本当に財政運営を回せなくなってしまった。国としてのお金のやりくりが回らなくなってしまったときには、積み上がってしまった借金の山、つまり債務の調整をせざるを得ません。

どこの国でも、日本はとりわけそうですが、税収だけで歳出を賄っているわけではなく、国債を発行して、借金をしながら財政運営を回しています。借金の額は国によってそれぞれですが、毎年、必要なだけの借金をできることが、財政運営をつつがなく続けていくための大前提です。

「国としてお金のやりくりが回らなくなる」事態とは、この借金を続けていくことができなくなることです。国債を発行して借金をしようとする国が、市場から、すなわち投資家から信用されなくなると、貸し倒れに備え、高い金利を要求されるようになります。その金利をついに払えなくなったとき、国としての借金を続けられず、財政危機に陥ることになるのです。

この「債務調整」には、大別して二通りのパターンがあります。

一つ目は「連続的な債務調整」、要するに、一〇年、二〇年といった長期間にわたって国民の生活に、さりげなく重たい負担が、じわじわと及んでいくものです。

二つ目は、「非連続的な債務調整」です。

〝非連続的〟と聞くと、やや物騒な感じがしますが、まさにそのとおりの債務調整です。あるとき、何かのきっかけで突然、ドカンと財政危機状態に陥ってしまい、もう財政運営がどうにも回らないからということで、それまでの国民の生活がスパッと切られてしまうようなものです。本当だったら決して許されないようなこと、こんなえげつないことを国がするの？　というようなことをやらないと、国の財政運営がどうにも回らなくなってしまうというときに行われるものです。

連続的な債務調整

では、具体的にどういうことが起こるのかを、順にもう少し詳しくみていきましょう。

一つ目の「連続的な債務調整」の例として、よくいわれるのは「高インフレ」です。中央銀行がどんな金融政策運営をしても物価上昇を止められず、手の施しようがなくなる。二パーセントや三パーセントではなくて、毎年一〇パーセント上がる。下手をすると二〇パーセント、三〇パーセント上がる。そういうレベルのインフレです。

そのときにお給料が物価と同じように上がっていけばよいのですが、企業の収益が良くなるわけではないので全然上がらない。上がらないのに物価だけが上がっていく。今年一〇〇円だったものが次の年一一〇円だ、一二〇円だといったら、食料品の買い物にもだんだん困ってしまうようになるでしょう。以前と同じ額のお金を持っていても必要なものが買えない、食うにも困ってしまうのです。

では、そのとき政府の財政はどうかというと、借金の額、国債の「元本」すなわち「残高」は名目の金額で決まっていますし、ほとんどの国債の「利率」も名目で固定されているので、[*1]物価が上がったところで、満期に返済しなければならない借金の額も、半年ごとに払わなければならない利息の額も変わりません。

他方、税収はどうかというと、税目にもよりますが、例えば消費税であれば、以前は一〇〇円だった商品の価格が、インフレで一二〇円、一五〇円になれば、同じ八パーセントの税率でも商品一点当たりの消費税額は大きく膨らみます。もっとも、消費税収全体がどうなるかは、インフレが売上数量にどの程度影響するかにもよります。高いインフレで楽になるのは、借金をしている人、今のわが国であれば、最大の借金をしている経済主体は、企業でも家計でもなく政府ですから、政府が一番助かることになるのです。

実は現在の安倍政権も、この方法でインフレを起こし、〝楽〟をして財政運営を続けていこうと考えているフシがあります。[*2]しかしながら、そのような方法を長期間継続させることは、国民からすれば、給料や所得が物価と同じだけ伸びることは到底期待できないわけですから、結果的に実質所得が相当な期間、目減りさせられ、生活が相当に苦しくなることを意味します。

金融抑圧という前時代的手法

「連続的な債務調整」のもう一つの例は、「金融抑圧」というものです。政府の借金財政が持続可能か、借金を重ねながら曲がりなりにもやっていけるかどうかは、国債の利息（クーポン）を半年ごとにつつがなく払っていけるかどうかにかかっています。国債のクーポンは、そのときどきの国債の市場金利（最終利回り）に応じて決まるものです。この国債の市場金利が下手に上がってしまうと、本当に国のお金のやりくりが回らなくなるから抑えつけてしまえ、というようなやり方が「金融抑圧」です。

もちろん、国境を越える金融取引、つまりグローバルなお金のやりとりが自由な状態だと、投資家は無理やり金利を抑えつけている国から金利が高い国にお金をどんどん逃がしてしまいます。ですから、普通こんなことは、国と国との間でのお金のやりとりがきつく制限される「資本移動規制」がかかっているときにしかできません。ところが、実は今、国際間のお金のやりとりは完全に自由なはずなのに、日銀のＱＱＥで、この「金融抑圧」に近いようなことができてしまっています。これはリーマン・ショック以降、他の主要国でも日本と同様のゼロ金利状態になってしまったため日本からお金が逃げ出さないのです。

そしてこの「金融抑圧」は、今の日本のように極端に大きい国債残高の山を抱えていると、一見、楽をしながら問題を解決できそうな方法です。実際、これは開発途上国によくみられた政策運営の仕方で、最初から絶対悪いというものではありません。日本も戦後の焼け野原から復興するときには、ほかの主要国と同様このやり方をとっていました。

閉鎖経済下での金融抑圧のリスク

具体的にはどのようにやるかというと、中央銀行に国債を引き受けさせたり、国内で制度を作って国民にとにかく貯蓄を奨励したりします。日本のかつての郵便貯金はこの制度の典型です。そして重要なのは、戦後、一九八〇年くらいの金融自由化までは、日本のみならずほかの主要国も、国と国との間のお金のやりとりには厳しい規制（「資本移動規制」）がかけられていたということです。

日本も含めてたいがいの国の場合、外国為替は一九七二年頃まで固定相場制でした。外貨は当局によって厳格に管理され、その取り扱いを一手に引き受ける外国為替専門の銀行は日本の場合、旧東京銀行（現三菱東京ＵＦＪ銀行）でした。国と国との間での自由な貿易、自由な資金の取引など夢のまた夢であった時代です。そうしたなかで、国内の金利を低く抑え、国内の貯蓄は国内で集中的に投資に回し、高度経済成長を達成していったのです。

第二次大戦中、軍事費の歳出が嵩《かさ》んで戦後に財政破綻した国がいくつもありました。戦勝国側は、さすがに戦後すぐに財政破綻とはなりませんでしたが、多くの国がこの「金融抑圧」をやって戦後の復興を図りました。では財政運営の面で、それでうまくいったかというと、実はうまくいかずに、また借金が増えてしまったという国も少なくありません。[*3]

要するに、単に国債の金利を低く抑えつければ、巨額の政府債務残高を解決できるなどという夢のような話が簡単に実現するわけではなく、歳出と歳入の改革に継続的にしっかりと取り組んでいかなければならないということでしょう。

さらに問題なのは、そうやって国と国の間で自由に資金を動かすことを認めない「閉鎖経済」のなかで「金融抑圧」をやると、国内でお金があふれてしまい相当な「高インフレ」を招く、ということです。また、各国が軍事費を賄うため、中央銀行に国債を引き受

図表2-1　ハイパーインフレや高インフレが発生した国の国内債務、マネタリーベースの状況

国名	発生年	インフレ率(%)	国内債務/GDP比率(%)	マネタリーベース/GDP比率(%)
【ハイパーインフレ】				
アルゼンチン	1989	3,079.5	25.6	16.4
ブラジル	1987	228.3	164.9	9.8
	1990	2,947.7	155.1	7.1
ドイツ	1920	66.5	52.6	19.4
	1923	22,220,194,522.37	0.0	0.0
【高インフレ】				
ギリシャ	1922	54.2	53.0	34.3
	1923	72.6	41.3	32.7
イタリア	1917	43.8	79.1	24.1
	1920	56.2	78.6	23.5
日本	**1944**	**26.6**	**236.7**	**27.8**
	1945	**568.1**	**266.5**	**74.4**
ノルウェー	1918	32.5	79.3	86.4
	1920	18.1	106.9	65.6
フィリピン	1981	13.1	10.4	6.6
	1984	46.2	11.0	13.9
トルコ	1990	60.3	14.7	7.4
	1994	106.3	20.2	7.1

(資料)Reinhart & Rogoff, This Time is Different; Eight Centuries of Financial Folly, Princeton University Press, 2009を基に作成。

けさせていた戦前、戦中の時代も含めてみれば（図表2－1）、多くの国で「高インフレ」ないし「ハイパーインフレ」が発生したことがわかります。

非連続的な債務調整

次は、債務調整の二つ目の例、ちょっと物騒な「非連続的な債務調整」です。

これには、さらに二通りの方法があります。政府の借金である国債を外国勢にたくさん持ってもらっているか、それとも国内でほとんど保有しているかによって債務調整のやり方は違ってくるのです。

一つ目の方法は、国債を外国勢にたくさん持ってもらっている場合で、「対外債務調整」といいます。これは近年でも割とよくあることで、外国勢が持ってくれている国債を、悪いけれど利息も払えません、元本も払えません、といって「バンザイ」をしてしまう、踏み倒してしまう、という方法です。つい四年前の二〇一二年、欧州債務危機のなかで一番苦しい目に遭ったギリシャが、やらざるを得なくなりました。ギリシャは当時、主として外国金融機関に国債の元本の約五三パーセント相当の返済を免除してもらいました。

もう一つの方法は、国債のほとんどを国内で持っているケースでとられる「国内債務調整」です。日本の場合、もし万が一ということになれば、こちらのパターンにならざるを得ません。ではどうするか。

今、この国で、「個人向け国債」を持っている一部の人々を除けば、私たち国民は国債などを直接持っているつもりはないでしょう。ところが実は私たちは、身近な銀行や信用金庫、信用組合といった金融機関等にお金を預けることを通じて、その金融機関がその預金を元手にたくさんの国債を持っていますから、多額の国債を持っているようなものなのです。そういうなかで、国の財政運営はもう回りません、国内債の利息も払えません、元本もお返しできません、という事態に陥ったらどうなるかというと、私たちが預金している銀行に「国債の元本はもう返せない、利息も払えない」と通告してくることになります。そうなれば、市場で取引されている国債は買い手がつかず、トランプの〝ババ抜き〟状態に陥って、価格は暴落します。

すると、銀行の経営はもう全然回らなくなる。銀行は、国債に投資しておけば半年ごとに利息が入ってくるし、満期が来れば元本を全額、政府が払ってくれると思っていたのに、それがかなわなくなります。国債を誰かに売りつけて〝損切り〟しようとしても、それもできないとなれば、預金者に利息を払うこともできなくなります。取引先の銀行がこうやって危ないことになれば、私たちは自分の預金を引き出しに走るでしょう。「取り付け騒ぎ」が起こるのです。

そのような事態を招かないために、同じ「国内債務調整」でも別のやり方がとられることがあります。国債の元利払いだけは何とかして継続できるようにお金をひねり出し、そ

図表2-2　1920年代〜50年代における、国内債務調整ないし再編の事例と手法

国名	発生時点	状況
ボリビア	1927年	少なくとも1940年まで利払いを延期。
カナダ（アルバータ州）	1935年4月	カナダでデフォルトを起こした唯一の州。デフォルト状態が10年間継続。
中国	1932年	一連の「債務統合計画」の初回において、国内債務の月当たり元利償還額を半減。利率を9%超から6%に引き下げ。償還期間を約2倍に延長。
ギリシャ	1932年	公的債務の約4分の1を占める国内債務について、同年以降、利率を75%引き下げ。
メキシコ	1930年代	対外債務の償還を1928年に一時停止。30年代を通じて、利払いは、歳出の延滞分と公務員・軍人年金を含める形で実施。
ペルー	1931年	5月29日に対外債務の元利償還を一時停止して以降、国内債務についても、利払いはその一部しか実施せず。
ルーマニア	1933年2月	対外・国内債務の償還を一時停止（3件の借り入れ金を除く）。
スペイン	1936年10月〜1939年4月	対外債務の利払いを一時停止。国内債務の償還も停止し、未償還残高が累積。
アメリカ合衆国	1933年	金約款を破棄。パナマに対して、1903年条約に基づく（運河）使用料の金による支払いを拒絶。紛争は36年に決着し、合衆国政府は合意した額を金のバルボア（パナマの通貨）で支払い。
イギリス	1932年	第一次大戦時に発行した戦時国債の大部分を、年利3.5%の終身年金に統合。
ウルグアイ	1932年11月1日〜1937年2月	国内債務の償還を停止。これに先立ち、1月20日に、対外債務の償還を一時停止。
オーストリア	1945年12月	1人当たり150シリングを上限として返還し、残額は封鎖預金として凍結。1947年12月には、封鎖預金内のシリングの大半を無価値と宣言し、預金口座の50%を一時的に凍結。
ドイツ	1948年6月20日	（＜筆者注＞ライヒスマルクからの）通貨改革によりドイツマルクを導入し、1人当たり保有高を40マルクに制限。預金口座をすべて封鎖し、その一部を無効と宣言。
日本	**1946年3月2日〜52年**	**インフレの後、1人当たり保有を100円に制限して、新円に1対1で交換。残額は強制的に預金させ、口座を封鎖。**
ロシア	1947年	民間保有の通貨の価値を90%減額する通貨改革を実施。
	1957年4月10日	国内債務（当時の時価で2,530億ルーブル）の存在を否認。

（資料）Reinhart & Rogoff, This Time is Different; Eight Centuries of Financial Folly, Princeton University Press, 2009を基に作成。

の分は他の歳出を大幅にカットするのです。実際には「公務員のお給料を約束どおりに払わない」「国として払うと約束していた年金を約束どおりに払わない」「公共事業をやらせておいて、完成しても後で建設会社に代金を払わない」という具合に、財政破綻の瀬戸際となればどこの国でもやりますし、そのやり方は様々です（図表2－2）。実は日本も、つい七〇年前にこの方法の国内債務調整をやったことがあるのです。

ところが、もっと怖いのは、国民が銀行の危険を察知して預金を引き出す前に、政府が先手を打って預金を全部封鎖してしまうなどというようなこともするのです。「預金封鎖」までいかなくても「預金の引き出し規制」をかけたりします。

ギリシャの預金引き出し規制

例えば、欧州債務危機で苦しんだギリシャは、二〇一二年に「対外債務調整」で財政危機を乗り切ろうとしました。でも外国勢、ギリシャの場合は、同じEUの仲間の国々ですが、それを簡単に許してくれるほどの「お人好し」であるはずもなく、合わせて国内でも相当に厳しい財政緊縮をやらざるを得なくなりました。ギリシャ国民自らが、血を流すような負担をまず受け入れなければ、他の国々が国債の債権放棄に応じるなどとんでもないことだ、と言われたのです。

二〇一五年に危機が再燃した際には、外国勢から、これ以上の損を被るのはもう絶対に嫌だとはねつけられ、さらなる「国内債務調整」をせざるを得ない事態に追い込まれます。同年六月には、厳しい歳出カットや増税に合わせて「預金の引き出し規制」がかけられ、国民が週当たり一人四二〇ユーロ（日本円換算で約四万八〇〇〇円）[*4]しか、預金を引き出せなくしました。そうやって、ギリシャ国内の金融システム崩壊を防いだのです。

それから一年一カ月が経過した二〇一六年七月、この規制は緩和されましたが、今でもなお、ギリシャ国民一人当たりの預金引き出し可能額は、二週間で八四〇ユーロにとどまり、海外から送金を受けても、すぐに現金で引き出し可能なのは今もなお三割相当額のみ、といった具合です。[*5]一度、「預金封鎖」や「預金の引き出し規制」がかけられるような事態になれば、それがいかに長く続き、国民に大きな負担がかかってくるかが、ギリシャの例からもよくわかると思います。

終戦後に行われた預金封鎖

第七章で詳述しますが、「預金封鎖」はこの国でも過去にやっています。第二次大戦で同じく敗戦国となったドイツやオーストリアもやっています。もっと怖いのは、「通貨切り替え」というやり方もあることで、これは日本が第二次大戦後、今からほんの七〇年前に「預金封鎖」とセットで同時にやりました。

現在のギリシャのように、法定通貨ユーロを他国と共有して使っていれば、こういうやり方は使えませんが、日本のように、自国通貨を単独で使っている国では、実はこういう恐ろしい国内債務調整の手法もあるということなのです。

註

＊1 「物価連動国債」や、個人向け国債の発行方式として採用されている変動利付国債を除く。

＊2 経済財政諮問会議民間議員の伊藤元重学習院大学教授は、二〇一六年六月二七日付の読売新聞

「地球を読む」（安倍内閣の経済運営　「金融」「財政」政策両輪で　財政再建にインフレ有効）で、次のように述べています。

……毎年10兆円の財政黒字を出しても、1000兆円（筆者注：日本の公的債務残高）を半分にするのに50年かかる。そもそも、10兆円の黒字を出すことはほとんど不可能に思える。

一方、分母である約500兆円のGDPは、名目3％の成長が続けば30年でおおよそ2・4倍になる。債務（分子）の1000兆円が変わらなくても、GDP比は85％程度まで下がる。この数字をみれば、名目でGDPを成長させることの重要性が分かる。

実質成長率の上昇に伴って名目成長率が高まっていくという姿が望ましいが、仮に実質ゼロ成長でも消費者物価が4％上昇すれば、名目成長率は3％程度になる。つまり、GDP比でみる債務を減らしていくにも、ある程度のインフレが有効になる。……

ベストなシナリオは、20年度末の時点で基礎的財政収支の黒字化が実現し、その後、さらに財政赤字の縮小が進む。同時に穏やかなインフレが実現し、インフレ率がもう少し高くなって債務の実質価値（GDP比）が確実に低下していくことだ。最後の点で調整インフレ論が重要になる。

このような書き振りからは、伊藤教授は、「穏やかなインフレ」として、四％程度の物価上昇率が長期間、継続することを想定しているように見受けられます。では、四％の物価上昇が意味するのはどういう事態かというと、今年一〇〇円だった物価が、一年後には一〇四円、二年後には一〇八円、三年後には一一二円、四年後には一一七円、という具合で、一部の品目ではなく、私たちの家計で購入・支出するすべての品目の物価が上昇していくことを意味しています。

＊3　第二次大戦後に金融抑圧を行った国々の財政状況の実例については、【河村小百合「財政再建にどう取り組むか　国内外の重債務国の歴史的経験を踏まえたわが国財政の立ち位置と今後の課題」『JRIレビュー』日本総合研究所、二〇一三年九月】の七七ページ図表23を参照。

＊4　二〇一六年九月一日のユーロの対円レート（一一六円）で計算。

＊5　二〇一六年七月二六日付「Financial Times」紙報道“Greece eases restrictions on cash withdrawals to woo back depositors”）による。

第三章　欧米諸国と日本「財政・金融政策」比較

（資料）Datastreamのデータを基に作成。

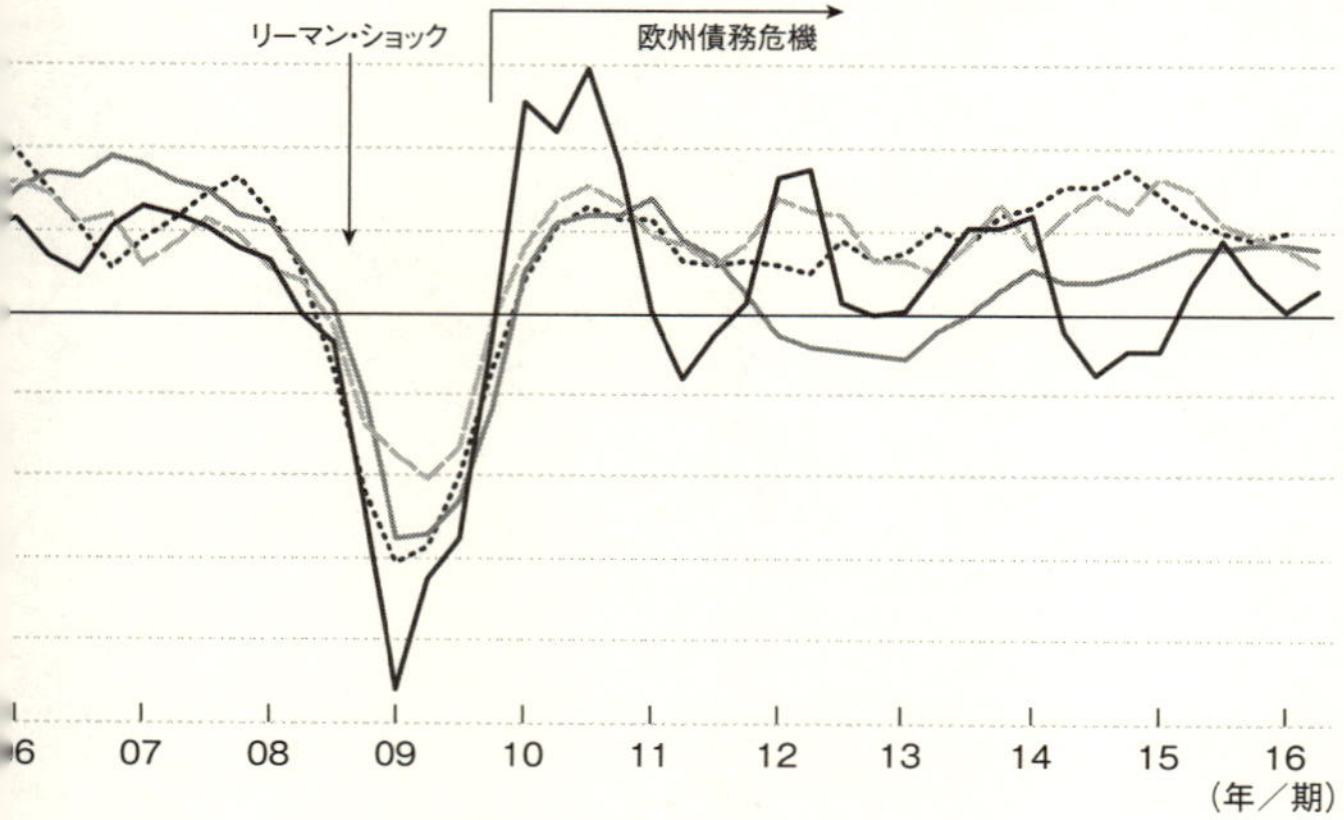

リーマン・ショック後の欧州債務危機

わが国では、第二次安倍政権のもと「デフレ脱却」が最優先の課題と位置づけられ、連呼される「成長なくして財政再建なし」というスローガンのもと、財政再建は事実上、後回しにされています。「二〇二〇年度にプライマリー・バランス（基礎的財政収支）黒字化」という目標は国際公約でもあり、その〝旗〟こそ、かろうじて掲げられてはいますが、それをどうやって達成するのかの目途は全く立っていない状態です。

では、諸外国ではどうなのでしょうか。二〇〇八年九月に世界的な金融危機（リーマン・シ

図表3-1　主要国・経済圏の実質GDP前年比の推移

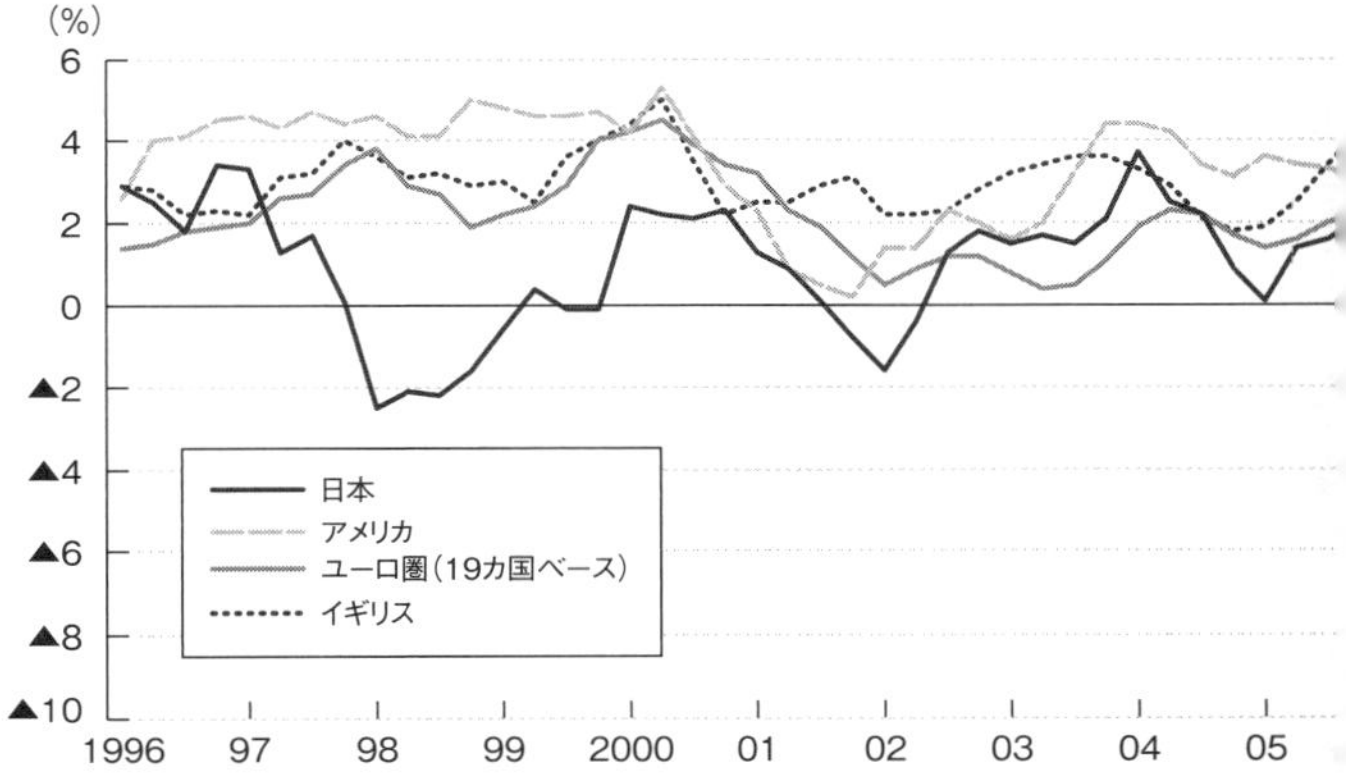

ョック）が起こり、翌二〇〇九年以降は、欧州債務危機が発生し、ユーロ圏の各国はその後少なくとも二〇一二年一杯まで、深刻な財政危機に見舞われていました。これらの主要な諸外国では、どのような財政政策や金融政策運営が行われてきているのでしょうか。

まず、一九九〇年代後半からの主要国の経済情勢を振り返ってみましょう（図表3－1）。各国とも、二〇〇八年の金融危機で経済は大きな打撃を受けました。ただし、その当時のGDPの落ち込み幅が最大だったのは、危機の震源である欧米各国ではなく、実はわが国でした。危機による金融システムへの影響も、欧米各国対比で相対的に軽微だったにもかかわらず、経

（資料）Datastream.
（注）日本の消費者物価前年比は2014年4月の消費税率引き上げ（5%→8%）の影響を含むベース。

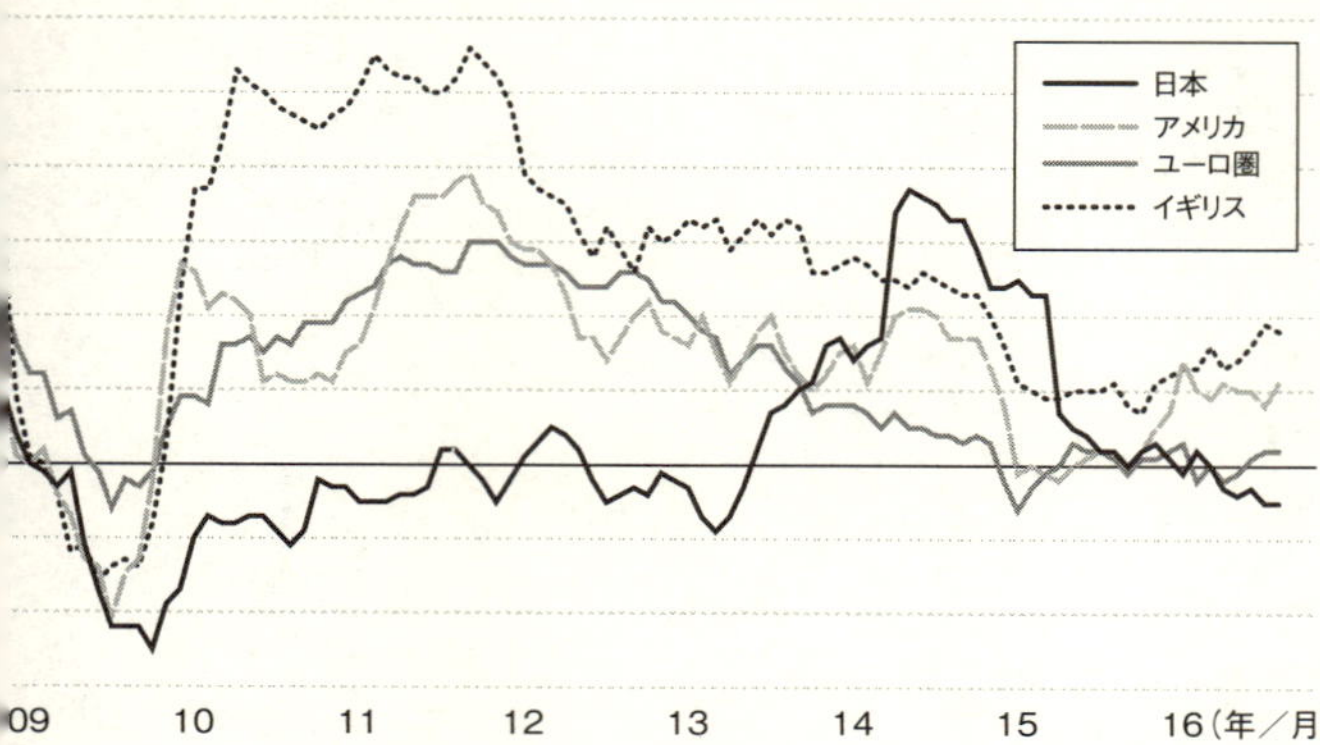

済のもともとの体力の弱さ、民間部門の自律的な回復力の弱さが露呈してしまったような格好です。

とりわけ、ユーロ圏では、リーマン・ショックの翌年に発生した欧州債務危機により、少なからぬ国々において財政運営の安定的な継続が危ぶまれる事態となりました。ギリシャ、アイルランド、ポルトガル、スペイン、キプロスの五カ国は、ユーロ圏各国ないしはEU各国から、加えてIMFから支援を受けざるを得ない事態に陥ります。当然、自国内でも厳しい財政緊縮策をとらざるを得ない状態に追い込まれたため、二〇一二年から二〇一三年にかけて、経済は落ち込みを余儀なくされました（図表3－1）。

図表3-2　主要国・経済圏の消費者物価（総合、前年比）の推移

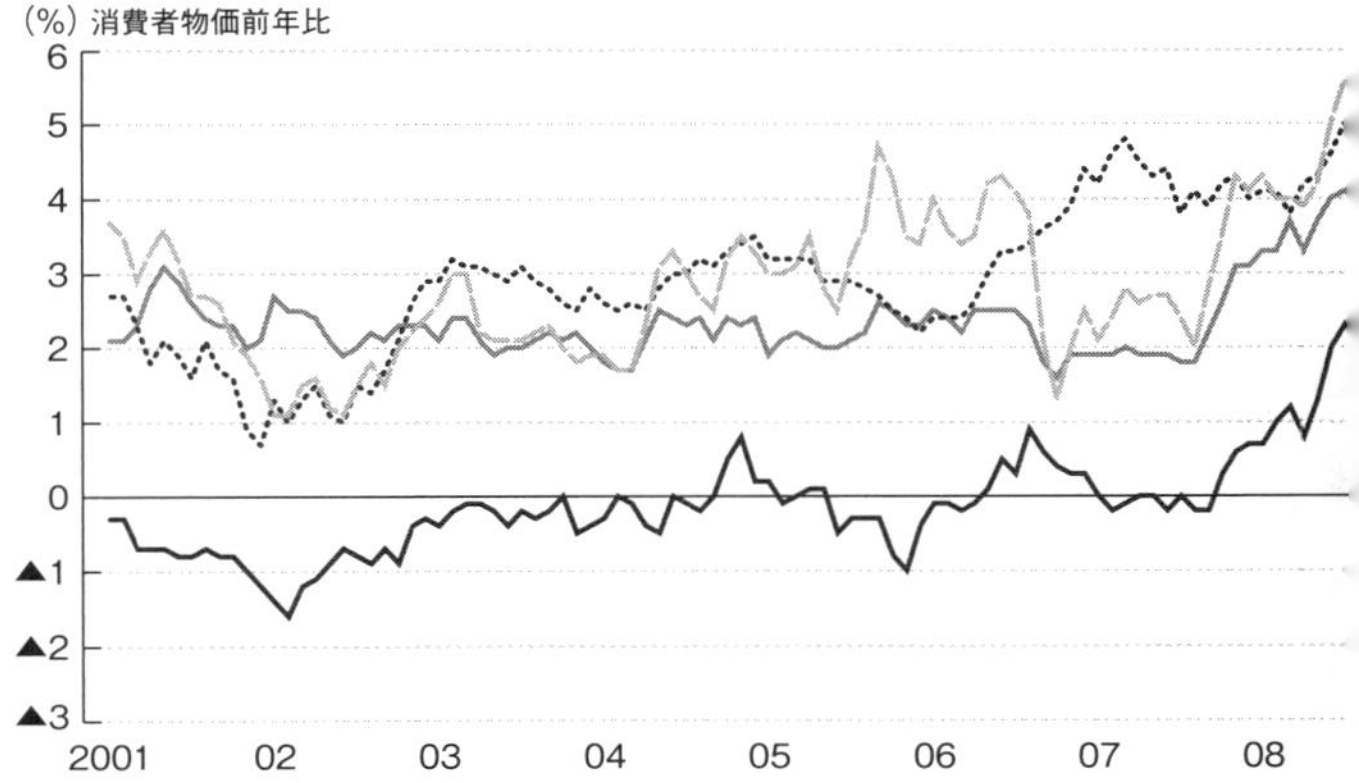

そして、その財政緊縮のさらなる影響が、タイムラグを伴い、二〇一四年頃からユーロ圏の物価にも及びはじめ（図表3－2）、そのまま一九九〇年代末以降の日本のようなデフレの長期化、経済の長期停滞状態に陥ってしまわないかどうかが真剣に心配されるようになったのです。

増え続ける日本政府の債務残高規模

わが国の財政運営の一九八〇年代からの推移を、毎年度の収支と、その結果の積み重ねとしての債務残高の両面からみたものが図表3－3です。「収支」の折れ線には、「プライマリー・バランス」（以下PB。「基礎的財政収支」のこと）と「財政収支」の二通りがあります。

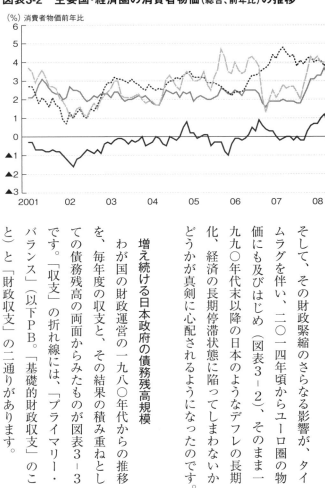

財政収支の名目GDP比推移

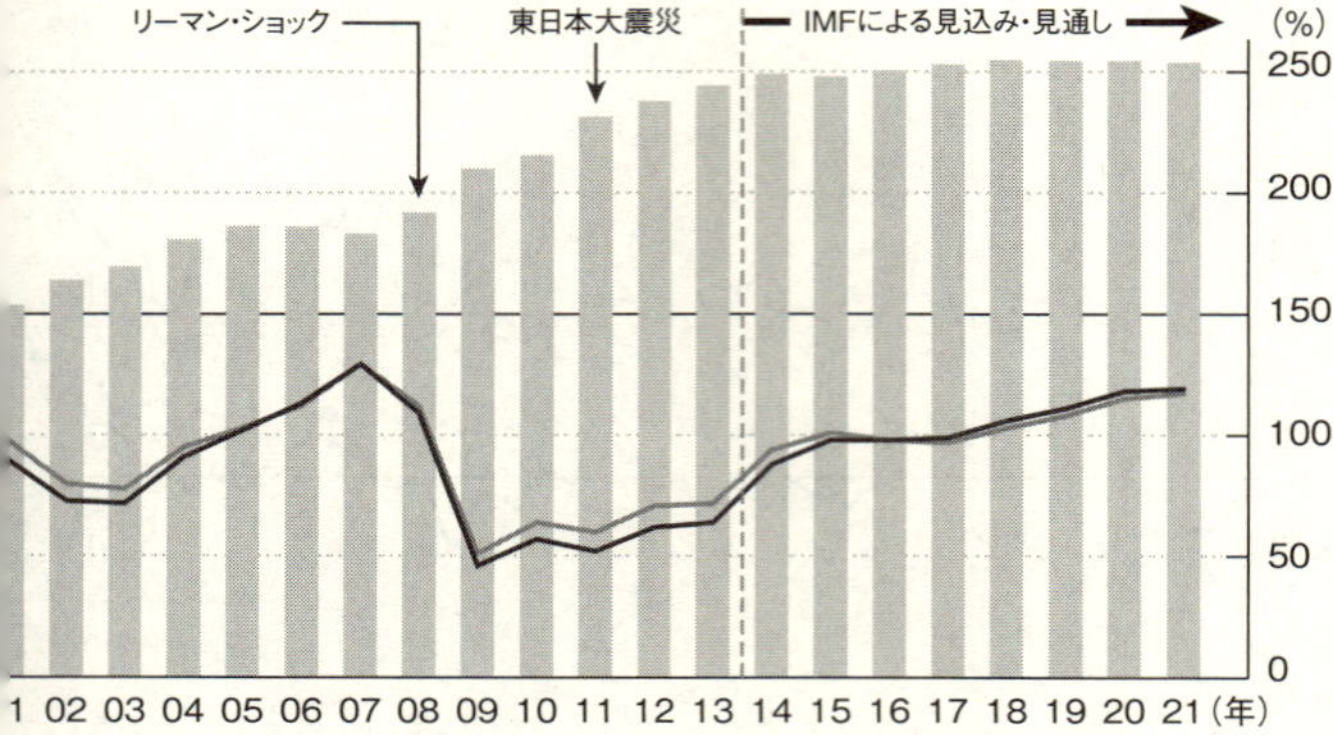

(注)2014年以降は、2016年10月時点におけるIMFによる実績見込みおよび見通し。

この二つがどう違うのかは、図表3－4をごらんください。わが国の財政の現状は一番左の図です。社会保障や公共事業、教育といった「政策的経費」の支出を「税収」で賄えていないため、両者の差を示すPBは赤字です。真ん中の図のように「政策的経費」が「税収」で賄える範囲に収められるようになればPBは均衡します。財政収支は、PBにさらに国債の「利払費」分を含む概念ですので、PB均衡の際に財政収支はまだ赤字です。そして「政策的経費」だけではなく、「利払費」まで「税収」で賄えるようになれば、ついに財政収支も均衡するのです。

このように、毎年度の財政収支を二通りの

図表3-3 日本の一般政府グロス債務残高とプライマリー・バランス、

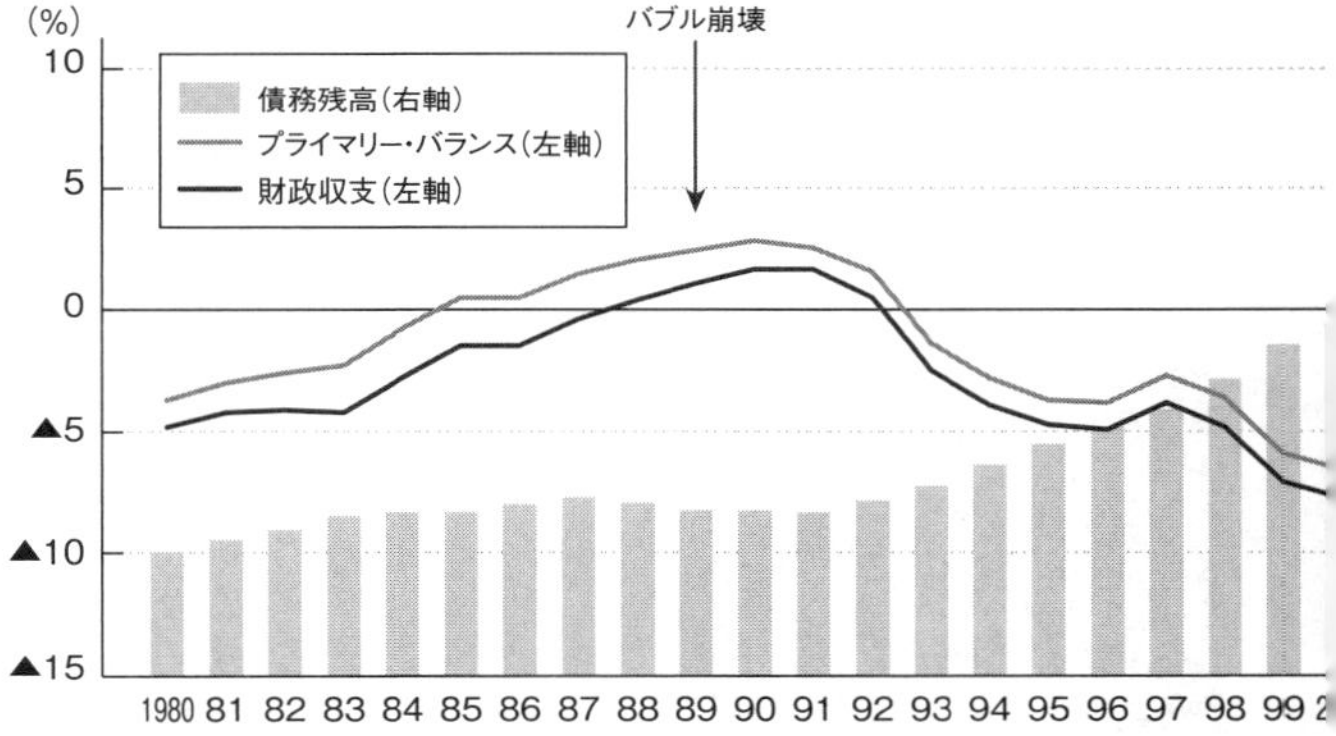

(資料)IMF, World Economic Outlook Database, October 2016を基に作成。

収支でみるのはなぜかというと、財政運営を改善していって、果たしてどの段階になれば、国の借金の残高の累積である国債残高を減らすことができるのかがわかるからです。

一番左の図（財政の現状）では、税収が全然足りておらず、政策的経費との差額と利払費の分だけ、すなわちこれが財政収支の赤字幅なのですが、新発国債を発行して、つまり将来の世代から新たな借金をして、財政運営を回している状態です。現在のわが国はまさにこの状況にあり、国の借金の残高は増え続けています。

実際の推移を図表3－3でみると、二〇〇八年のリーマン・ショックや二〇一一年の東日本大震災で大きく開いてしまったＰＢや財政収支の赤字幅は、第二次安倍政権が誕生した二〇一三年以降、大企業中心に税収が伸びたことなどからやや改善しましたが、それでもなお、足もとの赤字幅の規模（対名目ＧＤＰ比）は約五パーセントと、大きい水準です。図の背後の棒グラフで示されている政府債務残高の規模も、まだまだ増え続けています。

ただし、政府が二〇二〇年度までに最低限達成しようと目指しているように、ＰＢを均衡させることができれば、状況はかなり改善します。この場合でも、必ず政府債務残高規模を減らせるわけではなく、実際には利払費を決定する国債の金利と、税収の伸びを決定する国の経済成長率の伸びとで、どちらが高いかに依存してしまいます。経済成長率の方が高ければ、政府債務残高規模を減らしていくことができますが、国債金利の方が高ければ、

債務残高の関係

財政収支均衡の状態

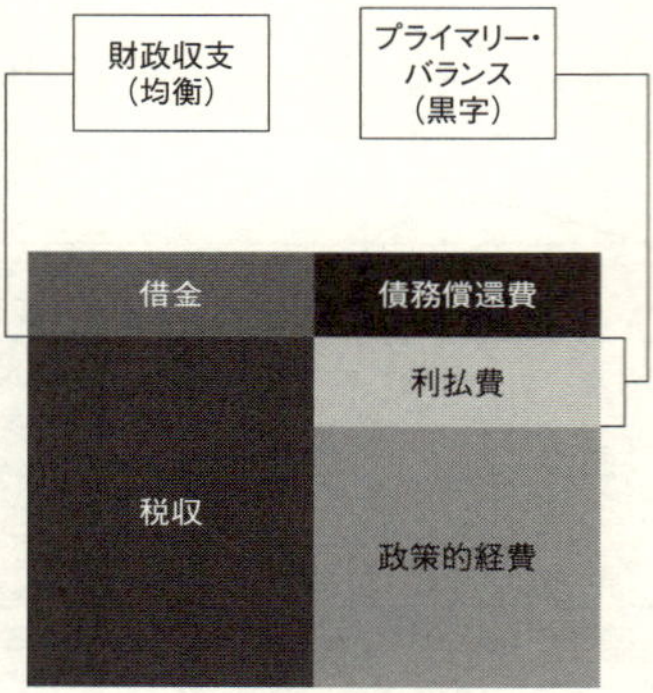

図表3-4　プライマリー・バランス（基礎的財政収支）と財政収支、

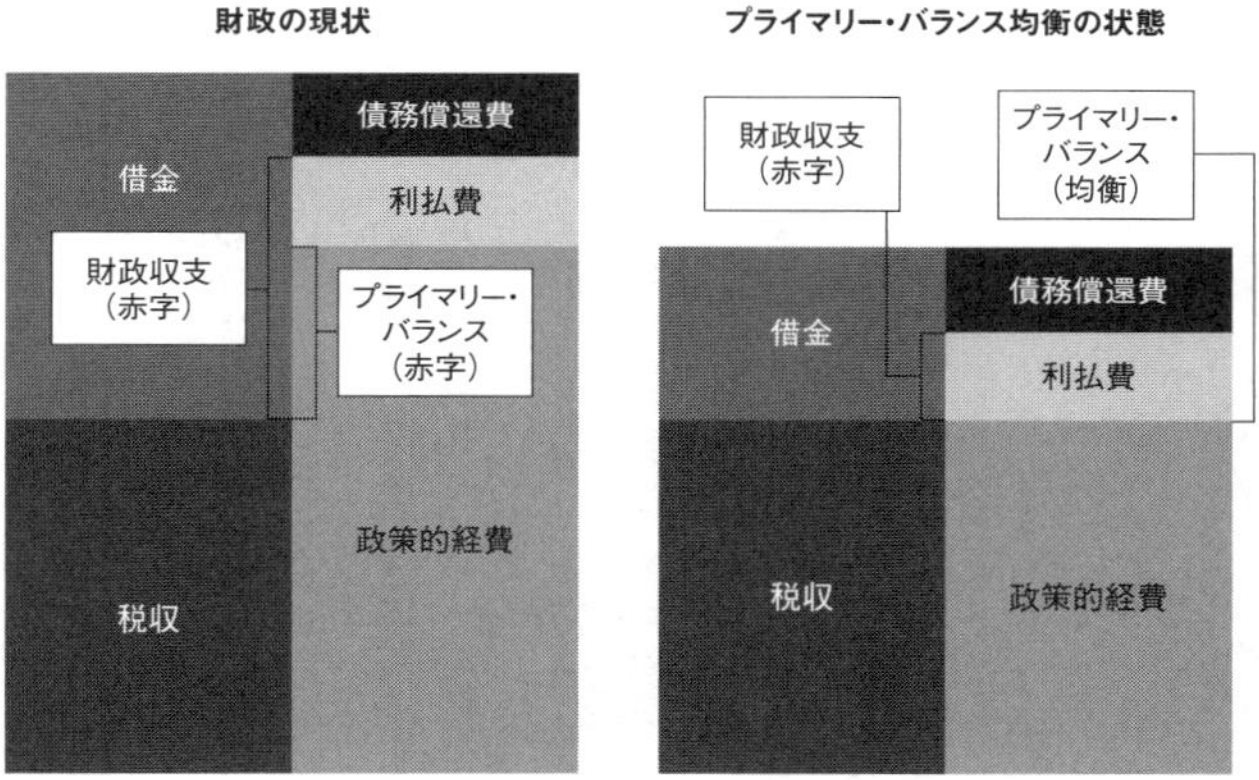

（資料）財務省『日本の財政関係資料』2016年4月、を参考に作成。
（原資料注）プライマリー・バランスを考える際には、厳密には歳入から利子収入を除く必要があるが、ここでは簡単化のため捨象。

逆に政府債務残高規模は増え続けてしまうのです。

そして最後に、税収が政策的経費と利払費の両方までカバーできるようになれば、すなわち財政収支を均衡させることができれば（この場合、ＰＢは黒字）、国の借金は、過去に発行した国債の満期が到来した分の借換債を出す分だけで済ませることができます。新発国債は発行しなくて済むので、新たな借金は増えません。

財政制約を意識する欧米主要国

わが国の場合と同じ形のグラフで、欧

米各国のうちの重債務国の例として、イタリアとギリシャの二〇〇一年以降の財政運営をみたものが図表3‐5、6です。両国ともリーマン・ショックと欧州債務危機の打撃は大きく、二〇〇九年にかけて、財政収支、PBとも急激に落ち込んだことがわかりますが、日本と違うのは、懸命の財政運営でその後の財政収支を早期に改善させていることです。欧州債務危機の際に苦しんだイタリアも、もともとの債務残高規模が大きいこともあって、とにかく借金の山を減らしていかなければならないという意識が強く、PBはずっとほぼ黒字です。ギリシャもすでにPB黒字を達成しています。欧米他国も同様に財政運営を良好な状態に改善させています。

ではなぜ、これらの諸外国は、わが国ではなかなかできない財政再建を実行できているのでしょうか。何よりも大きいのは、近年の欧州債務危機で、実際に財政破綻したり（ギリシャ）、ユーロ圏やEU各国、IMFの支援を受けなければ財政運営を続けられない国々（アイルランド、ポルトガル、スペイン、キプロス）の例を目の当たりにし、各国民が財政制約の存在を強く認識したことでしょう。このあたりの事情は、第六章でも詳しく述べます。

図表3-5　イタリアの一般政府グロス債務残高とプライマリー・バランス、財政収支の推移（名目GDP比）

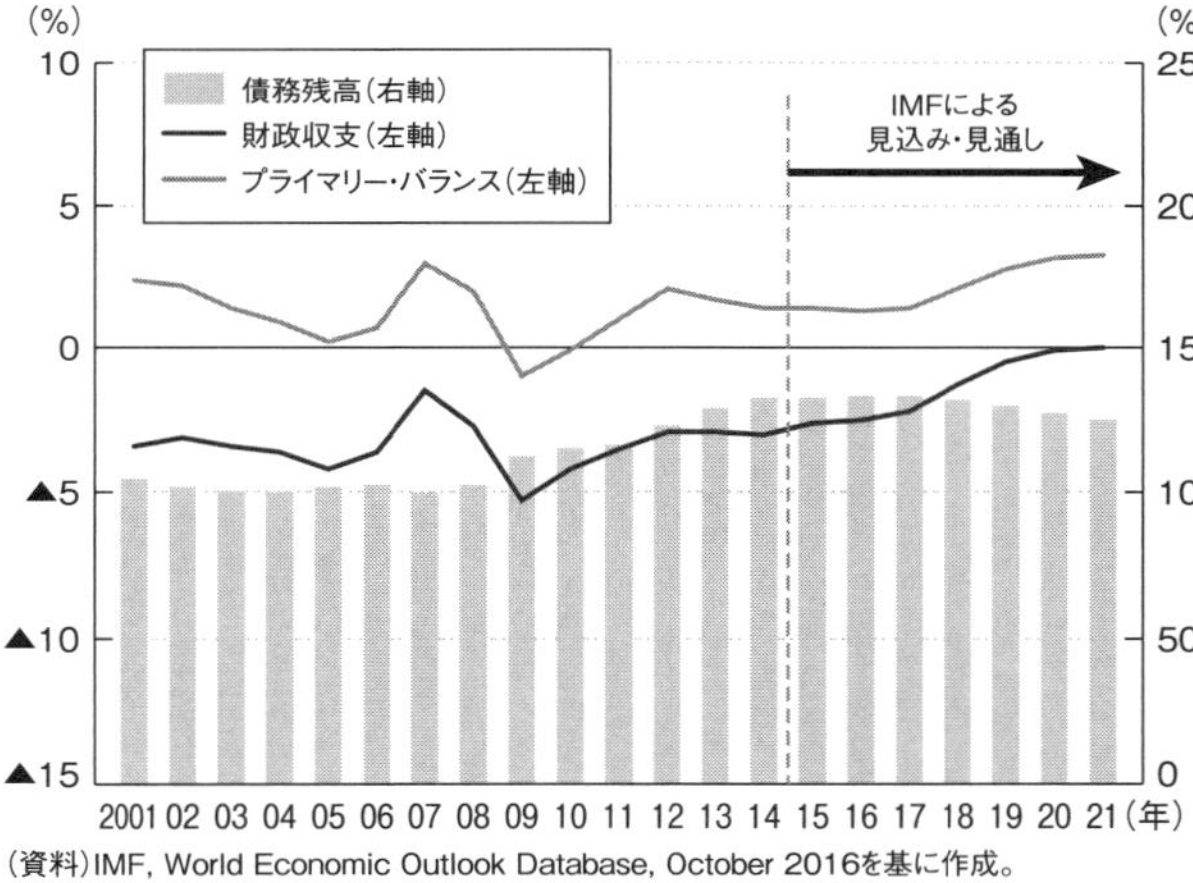

（資料）IMF, World Economic Outlook Database, October 2016を基に作成。
（注）2015年以降は、2016年10月時点におけるIMFによる実績見込みおよび見通し。

また、背景にある事情として、国債を発行するときの金利水準の問題もあります。欧米主要国では、リーマン・ショック後に低下したとはいえ、長期金利はなお、わが国よりは高い状態が継続してきたため（前掲図表1－4）、安定的に財政運営を継続していくためには、一定規模の利払費を確保したうえで、残りの枠内で政策的経費の歳出を収めなければなりませんでした。無意識のうちに、わが国よりははるかにきつい財政制約が賦課されていたといえるでしょう。同じ形でグラフを描いてみたとき、長年にわたり超低金利が続いてきたわが国（図表3－

図表3-6　ギリシャの一般政府グロス債務残高とプライマリー・バランス、財政収支の推移（名目GDP比）

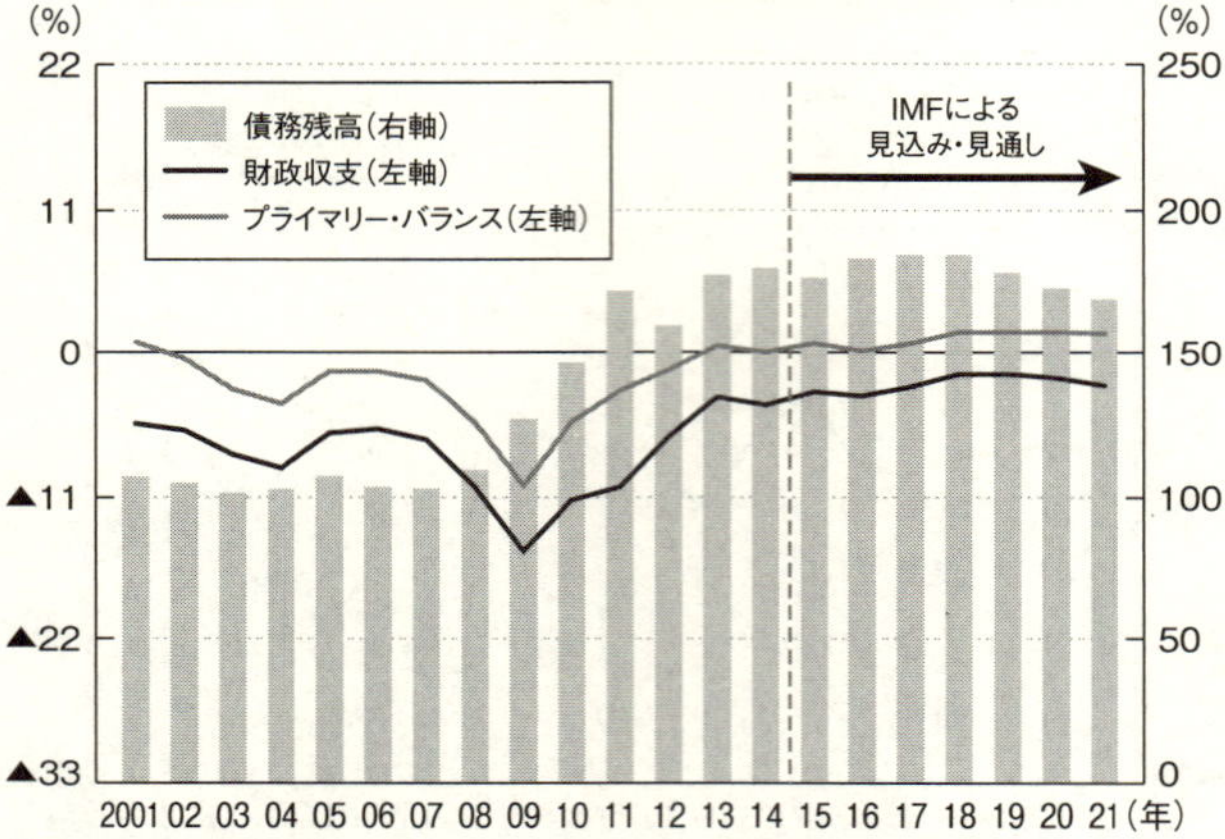

（資料）IMF, World Economic Outlook Database, October 2016を基に作成。
（注）2015年は、2016年10月時点におけるIMFによる実績見込みおよび見通し。

3）では、財政収支とPBの折れ線がほぼ重なっているのに対して、イタリアとギリシャのグラフ（図表3－5、6）ではこの両者の折れ線がかなり離れていることからも、実際に利払費の負担がそれなりにあったことがわかります。

財政再建を目指した各国の工夫

これらの国々では、毎年、着実に財政再建を進めていくために、政策運営上、様々な工夫が重ねられています。

第一には、財政健全化目標として使用する収支の指標を何にするか、ということです。わが国が利払費を含まないPB

であるのに対し、諸外国は軒並み、利払費をも含む財政収支を採用しています（図表3－7）。これは、財政再建を経済成長任せにしたりして、将来世代に重い負担を付け回したりすることのないようにするため、PBではなく国債残高規模の行方を左右する財政収支ベースで財政再建にきちんと取り組もうとする姿勢の表れといえましょう。

そして、リーマン・ショック後の二〇一〇年、各国は、「二〇一三年の財政収支赤字の半減」を共通の財政再建目標として掲げました。ちなみに、わが国はその際、まだデフレから脱却していないからと、唯一、特別扱いをしてくれ、と各国に申し出、「二〇一五年のPB赤字幅を二〇一〇年対比で半減」という甘い目標で、大目にみてもらっていたのです。「二〇一三年の財政収支赤字の半減」は、実際には未達に終わった国もありましたが、それらの国も含めて、財政運営の結果はわが国よりははるかにすぐれています。

第二には、中期的な予算編成ルールの強化です。財政収支を指標とする財政健全化目標を掲げ、「財政制約」が認識できたとして、それを中期的な財政運営上、また毎年度の予算編成上、政府や立法府にいかにして必ず遵守せしめるかが次の課題となります。ドイツやスペインでは、健全な財政運営を行うことを政府に義務づける条文が憲法に盛り込まれ

図表3-7　主要国が現在掲げている財政健全化目標

(%)

国名	財政健全化の具体的な目標(計画等)	プライマリー・バランスGDP比(2016年)	財政収支GDP比(2016年)	債務残高GDP比(2016年)
日本	・プライマリー・バランス(国・地方)⇒ ①2015年度までに 　赤字対GDP比半減(2010年度比) ②2020年度までに黒字化 ・債務残高(国・地方) ⇒2021年度以降、安定的に引き下げ 【中期財政計画(2013年)】	▲5.2	▲5.2	250.4
アメリカ	・「2025年度にかけて財政赤字(連邦政府)対GDP比を3%未満に収めることで、債務残高(連邦政府)対GDP比を安定させ、さらには減少させる軌道に乗せる」 【大統領予算教書(2017年)】	▲2.1	▲4.1	108.2
イギリス	・財政収支(公的部門)対GDP比 ⇒2019年度までに黒字化 ・純債務残高(公的部門)対GDP比 ⇒2019年度まで毎年減少 【予算責任憲章(2015年)】	▲1.6	▲3.3	89.0
ドイツ	・2017年度から2020年度まで(財政収支)均衡予算を維持する ・債務残高(一般政府)対GDP比 ⇒60%超の部分を 　直近3カ年平均1/20以上削減 【安定化プログラム2016(2016年)】	+1.2	+0.1	68.2
フランス	・財政収支(一般政府)対GDP比 ⇒2017年までに▲3%以下 【2016年予算法】	▲1.5	▲3.3	97.1
イタリア	・財政収支(一般政府)を2017年度までに▲1.8%以下 ・債務残高(一般政府)対GDP比 ⇒60%超の部分を 　直近3カ年平均1/20以上削減 【安定化プログラム2016(2016年)】	+1.3	▲2.5	133.2

(資料)財務省『日本の財政関係資料』2016年10月、)IMF, Fiscal Monitor, October 2016を基に作成。

たほか、英国の「財政責任憲章」のように、立法レベル、ないしは政治的な合意レベルでこのようなルールを設けている例も多くみられます。

第三には、独立財政機関の設置が挙げられます。選挙によって選出される「議員」に財政拡張志向があるのは、わが国のみならず各国に共通の事情です。ともすれば、立法府で財政再建を軽視した予算運営が決定されてしまいかねません。

そうした「政治」の限界を、財政運営のガバナンス面で工夫することによって補おうとするのが「独立財政機関」です。具体的には、①財政運営方針策定の前提となる見通しを政府や国会から独立した中立的な機関に策定させる、②政府に対して、予算案の編成過程で独立財政機関への協議を義務づける、③国会に対して、予算案の審議過程で独立財政機関の見解を聴取することを義務づける、というような形で、独立財政機関に役割を担わせているのです。こうした動きは、欧州債務危機を経験した後のEU各国に広がっているほか、アングロ・サクソン諸国等にも同様の例がみられています。

このようにみると、わが国が財政再建に向けた工夫に手つかずでいる一方で、欧米主要国では、財政再建の厳しい努力が、着実に積み重ねられてきていることがわかります。

（資料）Datastreamを基に作成。
（原資料）Federal Reserve、Bank of England、European Central Bank、日本銀行。

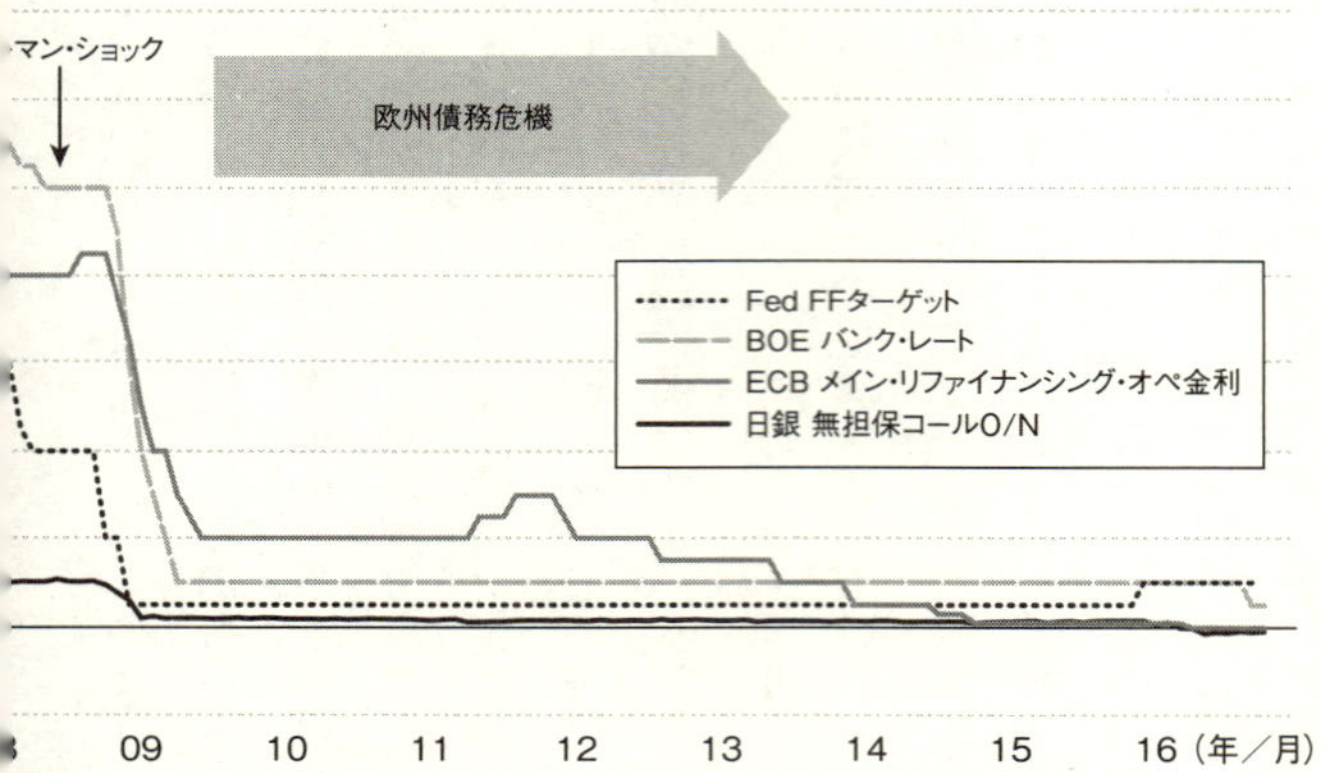

日銀の資産規模拡大が止まらない

次に、金融政策運営についてみてみます。「ゼロ金利政策」「量的緩和政策」を二〇〇〇年代前半に採用したのはわが国のみで、世界でも初めての試みでした。

ところが、二〇〇八年のリーマン・ショック以降は、欧米主要国も、一九三〇年代の「大恐慌」以来の「大不況」ともいわれるほどの経済の急激な落ち込みを経験し、危機状態に陥ります。米国の中央銀行である連邦準備制度（以下Ｆｅｄ）、英国のイングランド銀行（以下ＢＯＥ）、ＥＵの欧州中央銀行（以下ＥＣＢ）をはじめとする主要な中央銀

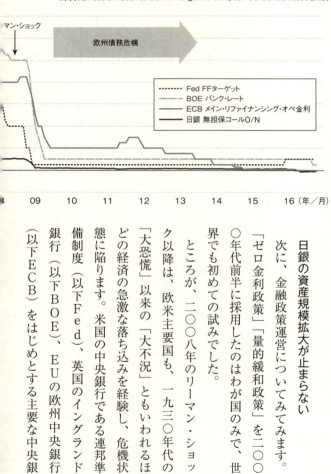

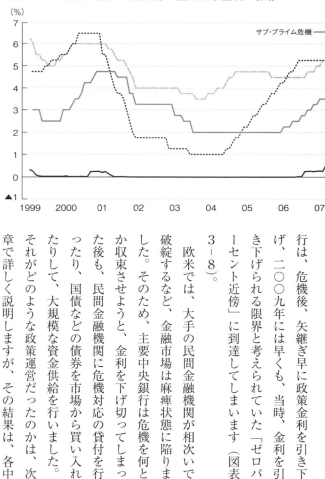

図表3-8 日米欧の主要中央銀行の主な政策金利の推移

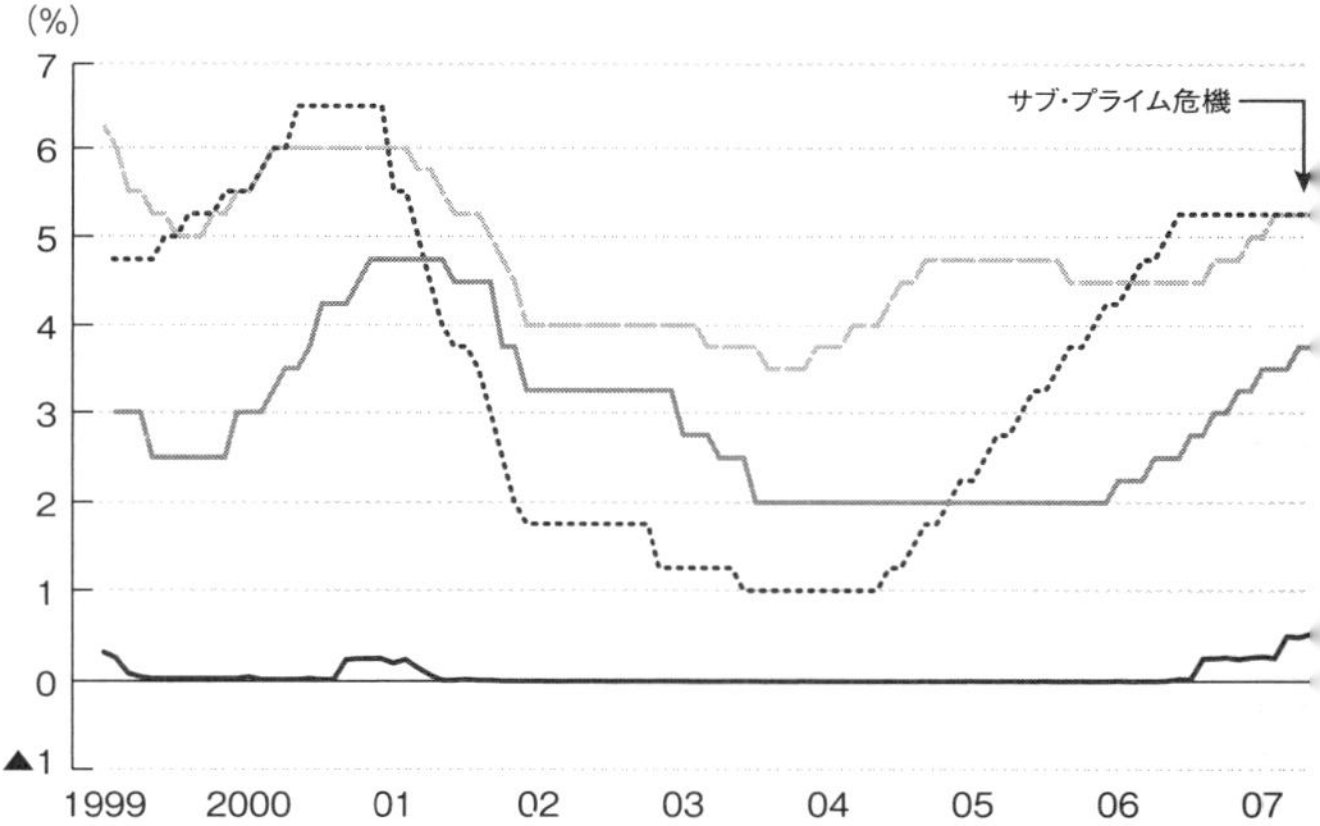

行は、危機後、矢継ぎ早に政策金利を引き下げ、二〇〇九年には早くも、当時、金利を引き下げられる限界と考えられていた「ゼロパーセント近傍」に到達してしまいます（図表3－8）。

欧米では、大手の民間金融機関が相次いで破綻するなど、金融市場は麻痺状態に陥りました。そのため、主要中央銀行は危機を何とか収束させようと、金利を下げ切ってしまった後も、民間金融機関に危機対応の貸付を行ったり、国債などの債券を市場から買い入れたりして、大規模な資金供給を行いました。それがどのような政策運営だったのかは、次章で詳しく説明しますが、その結果は、各中

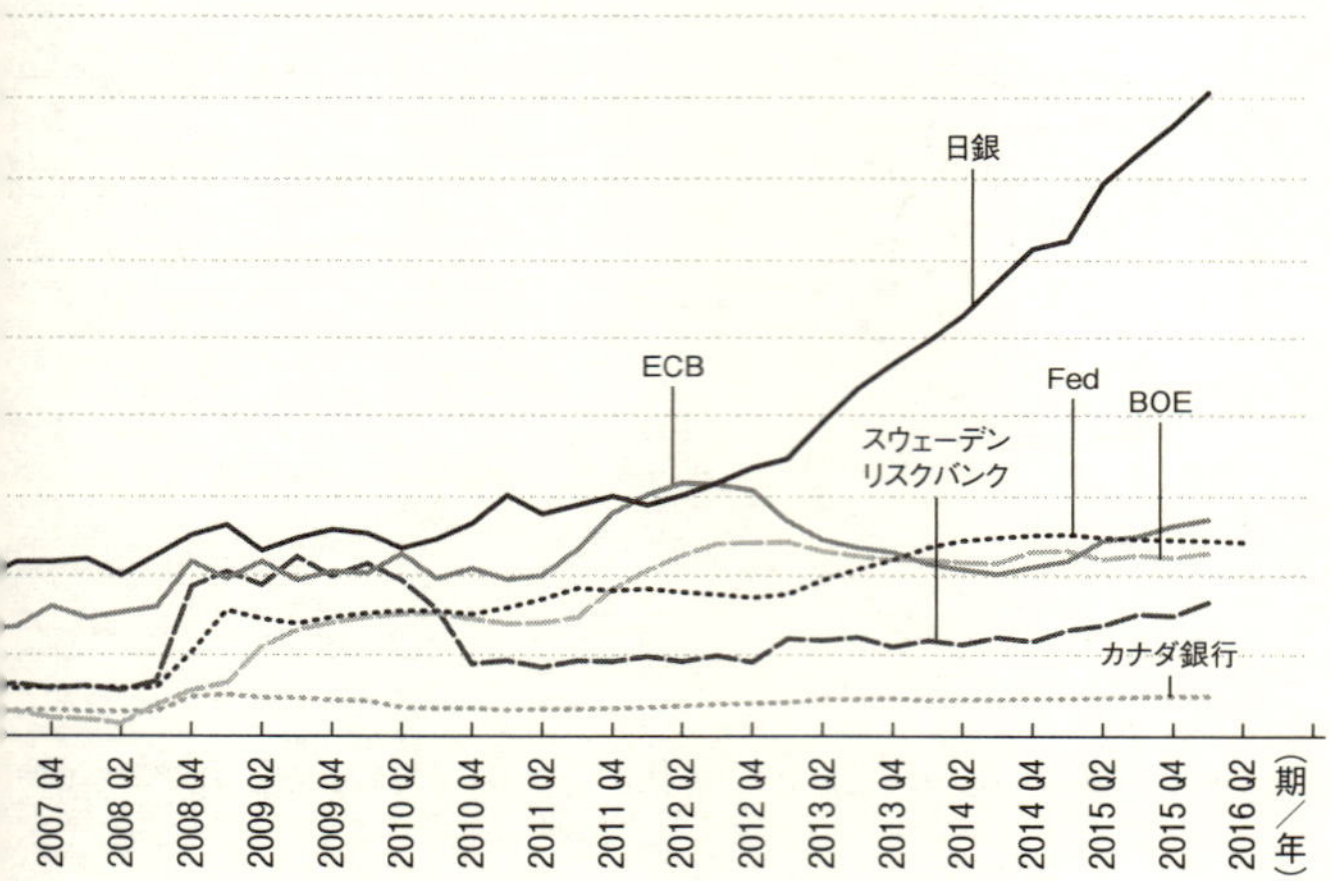

eriges Riksbank, SCB-Statistics Sweden, DNB, Statistics Denmark-statsbank.dk,

央銀行の資産規模の推移に表れます(図表3－9)。

リーマン・ショック後、欧州の場合は、立て続けに欧州債務危機が起こったことも加わり、欧米の中央銀行は、さらに厳しい政策運営を迫られました。ただし、彼らは、資産規模を急拡大させて資金供給を行うという方向での政策運営を長期間継続することはしておらず、各中央銀行の資産規模は頭打ちとなっていることがわかります。

そうしたなかで、日銀は独り、資産規模の突出した伸びを続けていま

図表3-9　主要中央銀行の資産規模の推移（名目GDP比）

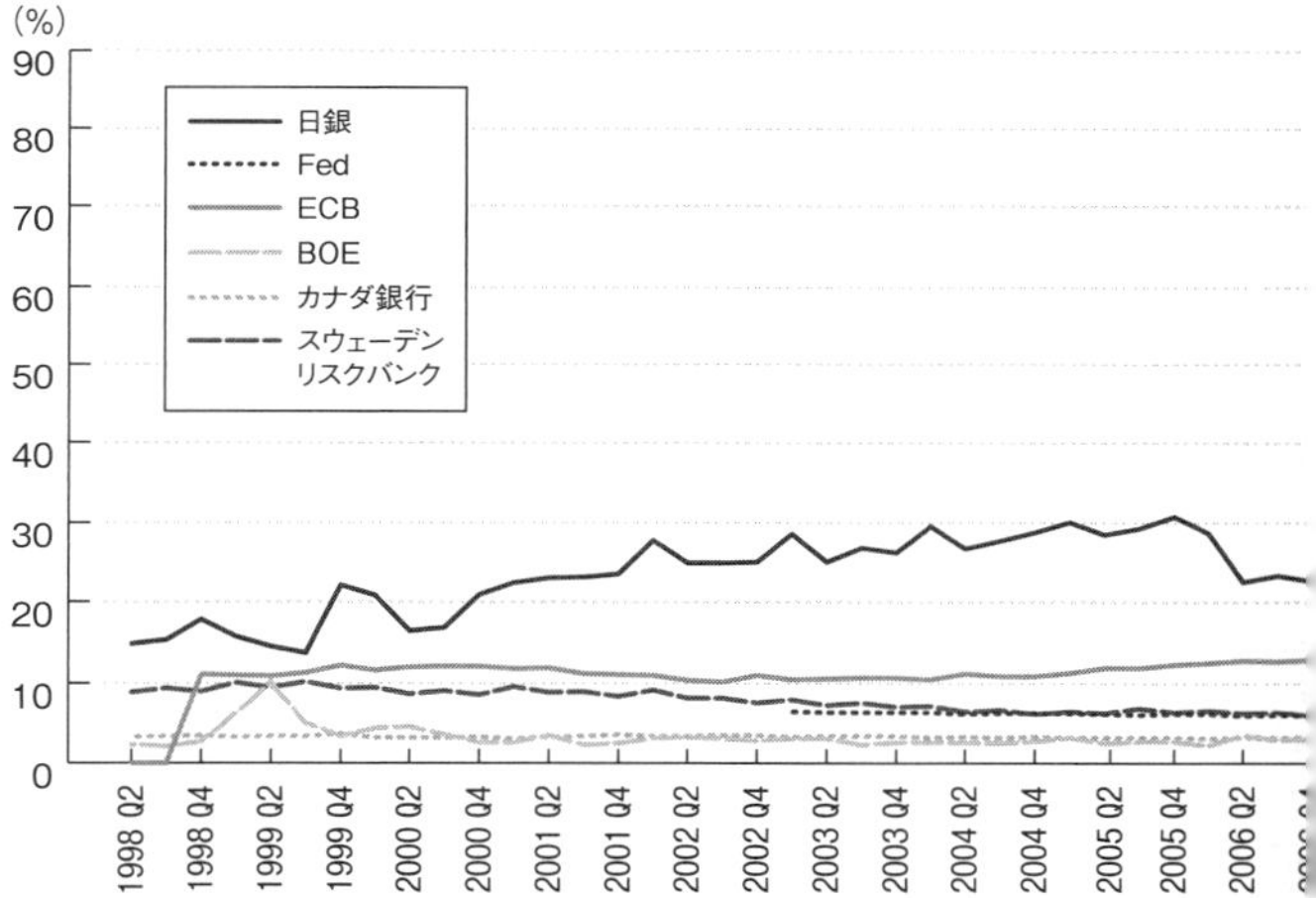

（資料）Datastream、日本銀行『金融経済統計月報』を基に作成。
（原資料）日本銀行, 内閣府, FRB, U.S.BEA, ECB, Eurostat, BOE, ONS, BOC, CANSIM-Statistics Car
SNB, SECO-State Secretariat for Economic Affairs switzerland.

す。欧米の主要中央銀行と日銀とで、資産規模にこれほどの差がついてしまっているのはなぜなのか、金融政策運営の考え方にどのような違いがあるのか、次章以降で述べたいと思います。

第四章　金融危機後の「金利ゼロ」の世界と「量的緩和」

日銀の「量的緩和」は世界初の試み

金融政策とは、自然科学の分野とは異なり、机上で新たな理論を構築できたとしても、その新理論に基づく政策運営が実際に機能し、効果が得られるかどうか、それを実際に政策として実行する前に、研究室のなかで、あらかじめ実験して確認することができる筋合いのものではありません。新たな政策手段、新たな政策運営は、各中央銀行がそれぞれ試み、本当に効果があるのか、副作用はないのか、お互いの経験をとり入れたり、参考にしたりもしながら、手探りで進めている状況です。本章では、金融危機後の金融政策運営を、主要な中央銀行がどのような思考過程や判断に基づいて進めてきているのか、とりわけ日銀の取り組み姿勢との違いに焦点を当てつつ、順を追ってみていくことにします。

世界各国の中央銀行にとって「ゼロ金利」状態のもとで「非伝統的手段」による金融政策運営を行ったのは、二〇〇一～〇六年の日銀の「量的緩和」が初めての経験でした。

金利がなにがしかのプラスの値となっている「平時」の世界では、中央銀行は、日銀に限らず、その膝元にある短期金融市場に資金を供給したり、吸収したりする金融調節のオペレーション（通称「オペ」）を行うことによって、民間銀行がそこで資金を貸し借りする取引を行って形成する金利を誘導し、金融政策運営を行ってきました。

通常、短期金融市場に参加している民間金融機関には、資金が足りて余っているところと、資金が不足しているところとが存在します。かつてのわが国の状況で単純化して説明すると、地方銀行をはじめとする地域金融機関は、国民が勤勉で貯蓄率が高いことを背景に、多くの預金を受け入れている一方で、優良な企業といった貸出先を都市部ほど多く抱えているわけではないため、預金と貸出の残高を比較すると、恒常的に預金超過で、貸出に回し切れない資金が余っている状況にありました。

これに対して都市銀行（現在の「メガバンク」）は、都市部の顧客から預金も受け入れてはいましたが、それを上回る規模で優良な企業などの大口の貸出先を多く抱えていたため、預金と貸出を比較すると恒常的に貸出超過で、資金不足の状況にありました。この両者の資金過不足を埋める場として短期金融市場が機能し、資金不足の都市銀行に地方銀行等の地域金融機関がお金を貸す、という形で、常に取引が活発に成立していたのです。

そこで日銀が資金供給、ないし吸収のオペを実施すれば、短期金融市場全体としての資金需給を緩ませたり、逆に逼迫《ひっぱく》させたりすることが容易にできるわけで、その結果、資金不足先と資金余剰先との間で成立する金融取引につけられる金利が、前日よりも低くなったり高くなったりすることにつながります。こうして日銀は市場金利を高めに誘導したり、低めに誘導することができていたのです。

この①短期金融市場全体として資金需給が引き締まっていること（＝市場全体として、余計な「余り金」がないこと）と、②そこに必ず資金余剰先と資金不足先の両者が存在することの二点は、中央銀行がその膝元にある短期金融市場で金融調節のオペを実施して、短期市場金利を意図する水準に誘導できるようにするための重要な前提条件だったのです。

マネタリーベースを増やしてもマネーサプライは増えず

日銀が二〇〇〇年代に実施した「量的緩和」は、この金融調節としての資金供給オペを、市場金利がゼロパーセント近傍にまで下がってもなお、これでもかこれでもかと巨額で実施することによって景気を刺激し、物価を押し上げる金融緩和効果を狙って試みられたものでした。当時、このように考えたのは日銀だけでなく、バーナンキＦＲＢ（連邦準備制度理事会）理事（当時。のちに議長）らも、二〇〇四年の論文[*1]のなかで「ゼロ金利の制約のもとで考えられる金融政策運営の手段のオプション」の一つとして、中央銀行のバランス・シートを拡大するという、この「量的緩和」（Quantitative Easing）を挙げていたのです。

日銀は当初、ゼロ金利状態のもとでも、金利がプラスの通常の状況下と同じく、中央銀行が民間銀行に対して供給するマネタリーベースを増やせば、それが信用乗数倍[*2]される形で、世の中に出回るマネーサプライの大幅な上昇につながるのではないかと考えていたようです。この点はバーナンキＦＲＢ理事（当時）も同じで、前述の論文はその前提での書き振りとなっています。

ところが、二〇〇〇年代に六年間、日銀が実際に金融政策運営を行った結果、確認された事実は、そのような事前の想定とは異なるものでした。図表１－２（前掲）から明らかなように、「ゼロ金利状態のもとでは、マネタリーベースを増やしても、マネーサプライがそれを上回るペースで増えることはない。増えるとしてもそのペースはマネタリーベースの伸びを大きく下回る」という結果だったのです。日銀の量的緩和による、当時としては多額の資金供給は、その効果の面で、不良債権問題に端を発する一九九〇年代末以降のわが国の金融危機を収束させるうえで大きな力を発揮したことは衆目一致しているものの、実体経済の押し上げにつながった、とはとても言えない状況だったのです。

ただし、二〇〇六年三月に日銀が量的緩和の解除を決めてからの正常化は、その後七月までの四カ月程度という短期間で済み、極めてスムーズなものでした。これは当時、日銀が「量的緩和」政策を行ううえで「銀行券ルール」を自らに課し、遵守していたことによります。

日銀は「量的緩和」をどう着地させたか

図表4－1は、「量的緩和」終盤にあった二〇〇五年末と、最近（二〇一六年八月末）時点の日銀のバランス・シートの大まかな見取り図の比較を示したものです。「銀行券ルール」とは、日銀のバランス・シート上、左側の資産サイドにある量的緩和で買い入れる長期国債の残高が、右側の負債サイドにある発行銀行券の残高を上回らないようにする、

図表4-1　日銀のバランス・シートの大まかな見取り図の比較
（2005年12月末と2016年8月末）

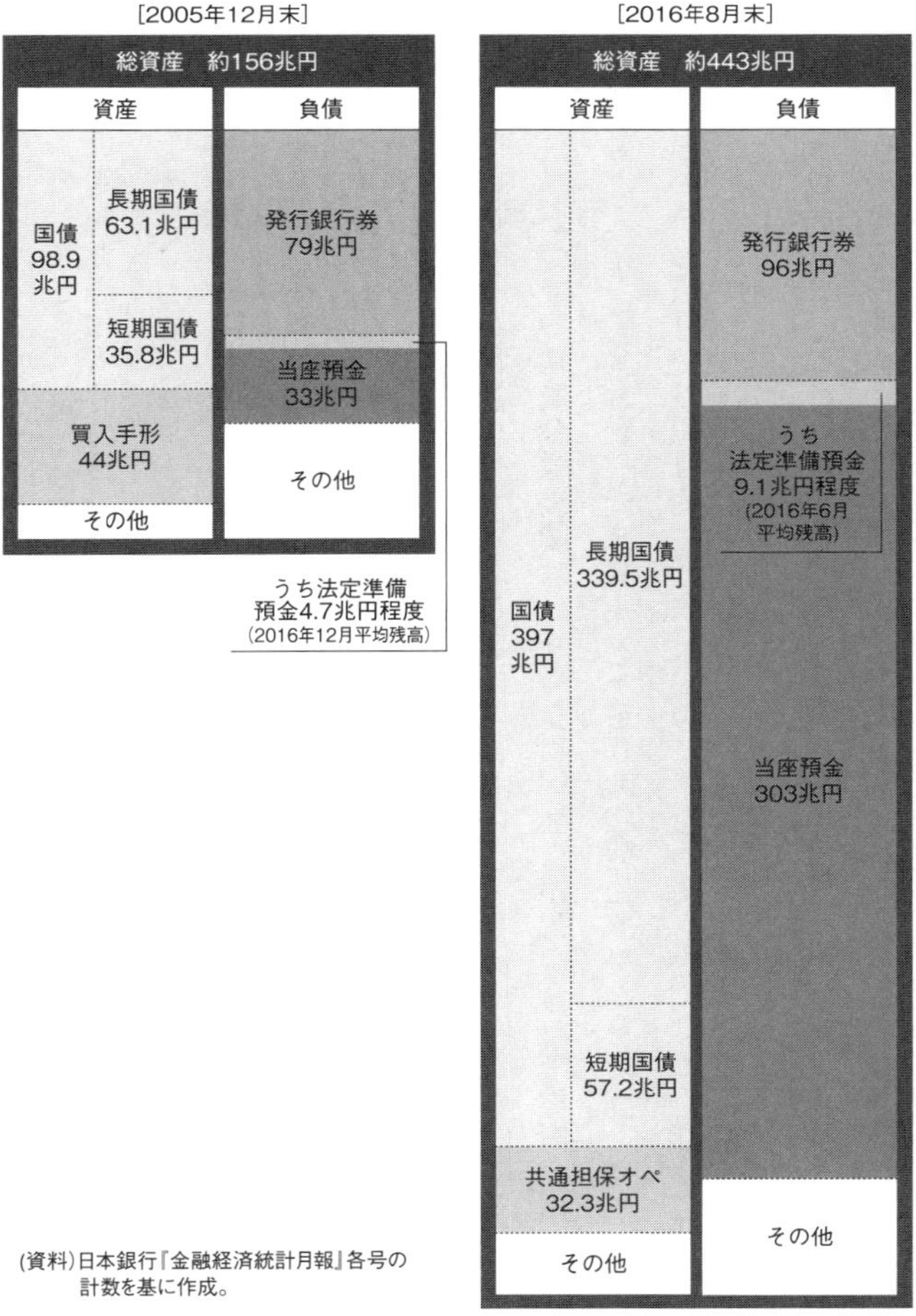

(資料)日本銀行『金融経済統計月報』各号の
計数を基に作成。

というものでした。

第一章でも述べましたが、当時の日銀は、日銀当座預金残高をターゲットに金融政策運営を行っていました。これは、民間金融機関が日銀にオペで国債を売り渡す対価として得た資金ですが、企業向けの貸出等には回し切れず、余剰資金として日銀に積み上げていたものです。このターゲットは、量的緩和の終盤には三〇～三五兆円と設定され、当時、民間銀行が日銀に制度上、預けなければならなかった法定準備預金が五兆円弱であったことからすれば、実に二五～三〇兆円という巨額の余剰資金が、短期金融市場にだぶついていたことになります。これを「超過準備」と呼びます。

この状況下では、かつての地域金融機関ばかりでなく、都市銀行も含めた短期金融市場のすべての参加者が大幅な資金余剰、つまり「カネ余り」状態にあったため、そのままでは市場でのおカネの貸し借りの取引は発生せず、いつまでたっても金利はつかないことになってしまいます。

しかしながら当時は、「銀行券ルール」が遵守されていました。バランス・シートの見取り図の左右を比較すると明らかなように、国債の保有高はほぼ銀行券の発券高に見合っていたため、負債サイドの当座預金にほぼ見合う短期の資金供給オペ（買入手形）の残高が資産サイドに存在したのです。これを、二週間なり、三カ月なり、といった買入手形オペの満期が到来したところで、ロール・オーバー（継続）せず、市中に売り戻してしまえば、日銀はその分の資金を短期金融市場から吸収できることになるのです。

実際に日銀は、二〇〇六年三月の量的緩和の解除の決定後、約八カ月で、四四兆円の残高があった買入手形オペを全額期落ちさせ、四四兆円の資金を市場から吸収することに成功しました。オペに応じる民間銀行側からすれば、手もとにだぶついていた四四兆円がなくなることを意味するため、それを元手に日銀当座預金に預けていた分はすべて引き出すことになり、超過準備は一気に解消されました。

これはすなわち、短期金融市場が量的緩和実施以前の、①短期金融市場全体として、資金需給が引き締まっている、②そこに必ず資金余剰先と資金不足先の両者が存在する状態に戻った、ということを意味します。量的緩和の解除後わずか四カ月後の七月には、政策金利である無担保O／N金利を初めてプラス〇・二五パーセントに引き上げ誘導することができたのでした。

正常化局面が最初から念頭にあったFedのLSAP

ゼロ金利状態における中央銀行の金融政策運営の経験は、この二〇〇一～二〇〇六年の日銀が唯一という状態で、欧米各国は二〇〇八年のリーマン・ショックに遭遇することになります。主要銀行は立て続けに政策金利を引き下げましたが、それでも危機は簡単には収束せず、いくつかの主要な中央銀行は「非伝統的な手段」による金融政策運営に踏み切ることになりました。

米国のFedがその典型例です。Fedはリーマン・ショック直後の二〇〇八年末以降、同国の資本市場の中核を成すMBS（モーゲージ担保証券*[3]）や財務省証券（国債）を多額に買い入れる、大規模な資産買い入れ（LSAP：Large Scale Asset Purchases　通称はQE〈量的緩和〉）（図表4－2）を開始します。これは、二〇〇〇年代に日銀が実施した量的緩和と実は似て非なるものでした。

Fedでは、金融政策の方針を決定するFOMC（連邦公開市場委員会*[4]）の開催の五年後には、詳細な議事録や事務方から会議に提出されたペーパー類がすべて公開されていま

図表4-2　米連邦準備制度のLSAP（大規模資産買い入れ）プログラムの内容

プログラム	時期	買い入れ資産	規模（10億ドル）
QE1（量的緩和1）	2008/12/5〜 2010/3/31	GSEエージェンシー債（注） MBS（住宅ローン担保証券） 財務省証券（＝米国債）	172 1,250 300
QE2（量的緩和2）	2010/11/1〜 2011/6/30	財務省証券	600
満期拡張プログラム（オペレーション・ツイスト）	2011/10/3〜 2012/12/30	財務省証券（短期債を売却し、長期債を買い入れ）	＋▲ 667
QE3（量的緩和3）	2012/9/14〜 2014/10/31	MBS 財務省証券	823 790

（資料）Stanley Fischer, Conducting Monetary Policy with a Large Balance Sheet, Remarks at the 2015 U.S. Monetary Policy Forum Sponsored by the University of Chicago Booth School of Business, February 27, 2015, Table 1を基に作成。
（注）ファニーメイ、フレディマック等の政府支援企業（GSE）が発行する社債。

す。それによれば、Ｆｅｄとして非伝統的な手段を初めて試みるのに際し、二〇〇八年一二月のＦＯＭＣでは、スタッフが提出した分析資料を基に、ＦＯＭＣメンバーが日銀の経験に対する消極的な評価を行っていることが明らかにされています。[*5]

要するに、バーナンキ議長（当時）も含め、日銀の経験によって得られた「ゼロ金利のもとではマネタリーベースを増やしても、マネーサプライはそれに伴ってプラスの金利下における様に増加することはない」という事実を素直に受け止めているのです。Ｆｅｄ自身が以降実施したＭＢＳや国債等の買い入れ政策を、二〇〇〇年代の日銀の金融政策運営を彷彿《ほうふつ》とさせるQE（量的緩和）とは自ら決して呼称せず、LSAP（大規模な資産買い入れ）と呼んでいるのは、こうした理由によるのです。[*6]

以後、二〇一四年一〇月までFedが断続的に展開していった一連のLSAPによる超金融緩和政策（図表4－2）は、すべてこのような考え方に基づくものでした。MBSや財務省証券といった債券を多額に買い入れますが、その買い入れ額や、それと表裏一体として増加するマネタリーベースの量を、二〇〇〇年代の日銀や、二〇一三年四月以降の日銀のように政策運営の目標とするようなことは決してありませんでした。あくまでも危機で底割れしかかった米国経済の下支えのため、多額の債券の買い入れによって長期金利を低下させることを目的としていたのです。そして実際に、どの程度の効果があるのか、Fedは同時進行で把握しつつ、政策運営を進めていきました。

そのような政策運営が行われた結果、Fedの資産規模が日銀のように急ピッチで拡大し続ける、という結果になっていないのは、図表3－9（前掲）ですでにみたとおりです。そして、LSAPを実施していたさなかの二〇一〇年というかなり早い時期から、FedはLSAP終了後の金融政策運営の正常化に関しても真剣に検討してきました。そして、その内容を、バーナンキ議長（当時）自らの米国議会での証言等を通じて、米国民や市場関係者に対し、正常化の過程で想定されるコストやリスクも含めて、誠実にそして正直に説明してきています。

ＬＳＡＰをどこまで継続するのか、という点に関しても、米国経済のその時々の実態と合わせ、果たしてどこまでの規模であれば先行きの金融政策運営の正常化が可能であるか、きちんと「後戻り」できるかどうかを、スタッフの試算なども踏まえて慎重に検討したうえで、政策運営が進められていたようです。

日銀の経験に学んだ各国の中央銀行

Ｆｅｄ以外の主要中央銀行に目を転じても、図表３－９（前掲）の資産規模の推移に典型的に表れているように、危機対応としての異例の金融政策運営を行うとしても、資産規模を一方向で拡大させるようなことは決してせず、一定レベルで頭打ちとしたり、一時的に規模を拡大させても、ほどなくして縮小させているような例がいくつもみられます。

スウェーデンの中央銀行であるリクスバンクは、その公式の論文[*7]のなかで、日銀の二〇〇〇年代の量的緩和政策の経験によって示されたマネタリーベースとマネーサプライとの関係に関する事実を、Ｆｅｄ同様そのまま受け入れる姿勢を明確にしているほか、日銀の量的緩和の経験とその効果を、Ｆｅｄが行ったのと同様の否定的な趣旨で総括しています。

また、カナダ銀行は、金融危機の際にも、Ｆｅｄや日銀が行ったようなＬＳＡＰ（ＱＥ）は政策手段としてあえて採用しなかったがゆえに、資産規模が大きく膨らむようなことにはなっていません（前掲図表３－９）。同行は、二〇一一年の季報に収録された、他の中央銀行が採った資産買い入れによる非伝統的な金融政策運営に関する分析ペーパーで、[*8]資産買い入れに伴う潜在的なコストや問題点五つを、次のように明確に指摘しています。

すなわち、①金融市場の歪《ゆが》み、②中央銀行のバランス・シートのマネジメント上、追加的な課題が生じること（中央銀行の財務運営上、損失が発生したり、意図するスタンスで金融政策を運営し得なくなる可能性があることなど）、③中央銀行の独立性や信認が潜在的に損なわれかねないこと、④中央銀行が金融の安定を確保するうえで負うべき責任と矛盾すること、⑤マクロ経済上必要な調整が先送りされること、の五つです。こうした記述振りからは、危機下にあっても、カナダ銀行があえて資産買い入れという手段を選択しなかった理由が窺《うかが》われます。大規模な資産買い入れを、一定の期間、実施してしまった中央銀行が、あとあと金融政策運営を元に戻そう、正常化させよう、とするときに、どのような課題や困難に直面するのかは、次章で詳しく説明しますが、カナダ銀行が二〇一一年の時点ですでに指摘していた、この①〜⑤の点のどれをとっても、今の日本に、まさに当てはまっているように私には思われます。慎重で賢明なセントラル・バンカーであれば、資産買い入れなどという非伝統的な手段を大規模に用いたら、いずれはどういう事態に追い込まれるのか、最初からすべてお見通し、ということなのでしょう。

このように、すべての中央銀行が資産買い入れなどという、非伝統的な手段を実際に使っているわけではないのです。Ｆｅｄのように、規模の大きい国家で世界的にも主要な中央銀行が採用しているゆえ目立ちますが、数でみれば、非伝統的な手段を「使っていない」中央銀行の方が多いくらいなのかもしれません。

ＥＣＢの慎重な政策運営

そのような慎重な金融政策運営を行ってきた最も典型的な例はＥＣＢといえるかもしれ

ません。欧州は、リーマン・ショックの後に立て続けに債務危機に見舞われます。ECBは主要中央銀行のなかでも最も厳しい金融政策運営を迫られたといえます。

しかしながら、そのような債務危機下においても、ECBはユーロ圏各国の国債を買い入れて自らの資産規模を大幅に拡大させるような金融政策運営は行いませんでした（図表4－3）。ECBは、各国政府の財政運営上の規律への悪影響や、一度、国債を買い入れてしまうと、中央銀行としてはそれを反対方向の売りオペに出すことは容易ではなく、金融政策運営の正常化が困難になりかねないことを見越し、金融政策運営上の通常の手段（図表4－3中の「長期リファイナンシング・オペ」）によって、ユーロ圏各国の民間金融機関に潤沢な資金供給を行い、彼らがユーロ圏各国の国債を保有し続けられるようにして、危機を乗り切る道を選びました。そうした金融政策運営が奏功して、ECBの資産規模は、危機が一服した二〇一四年頃には二〇一一年頃の規模近くにまで縮小しました。

なお、ECBはその後、債務危機とは別の問題として、域内経済のデフレ傾向が強まってきたことに対応するため、二〇一四年六月からマイナス金利を導入したり、二〇一五年三月からは各国国債の買い入れにも着手しました。ただし、その際のスキームは先行きのことを考えてよく練られたものとなっています。例えば、マイナス金利政策を導入するとしても、日銀とは導入する政策の順番が全く異なるなど日銀やＦｅｄが現在、直面しているような超過準備の大幅な増加にはつながらないように設計されています（図表４－３の「当座預金」および「預金ファシリティ」参照）。このあたりは第五章で、もう少し詳しく説明します。デフレ対策として、異例の金融政策運営を行うのに際しても、先行き、いかなるユーロ圏内外の金融・経済情勢に直面しようとも、金融政策運営のコントローラビリティを失うようなことは決してないように、慎重な設計のうえで金融政策運営が行われているのです。

このようにみてくると、二〇〇八年の金融危機以降、主要中央銀行のうち少なからぬ先が、「非伝統的な手段」を含めて異例の金融政策運営に乗り出し、一定のリスクを伴う領域にまで足を踏み入れているのは事実です。

しかしながら、どの中央銀行の政策運営も、目先の政策課題だけに振り回されてしまうことなく、狙ったとおりの効果が確認できているか、先行きの政策運営もきちんと続けていくことができるか、しっかりと後戻りして正常化させられるかどうかについても常に念

銀行の総称）の資産/負債の主な内訳別推移

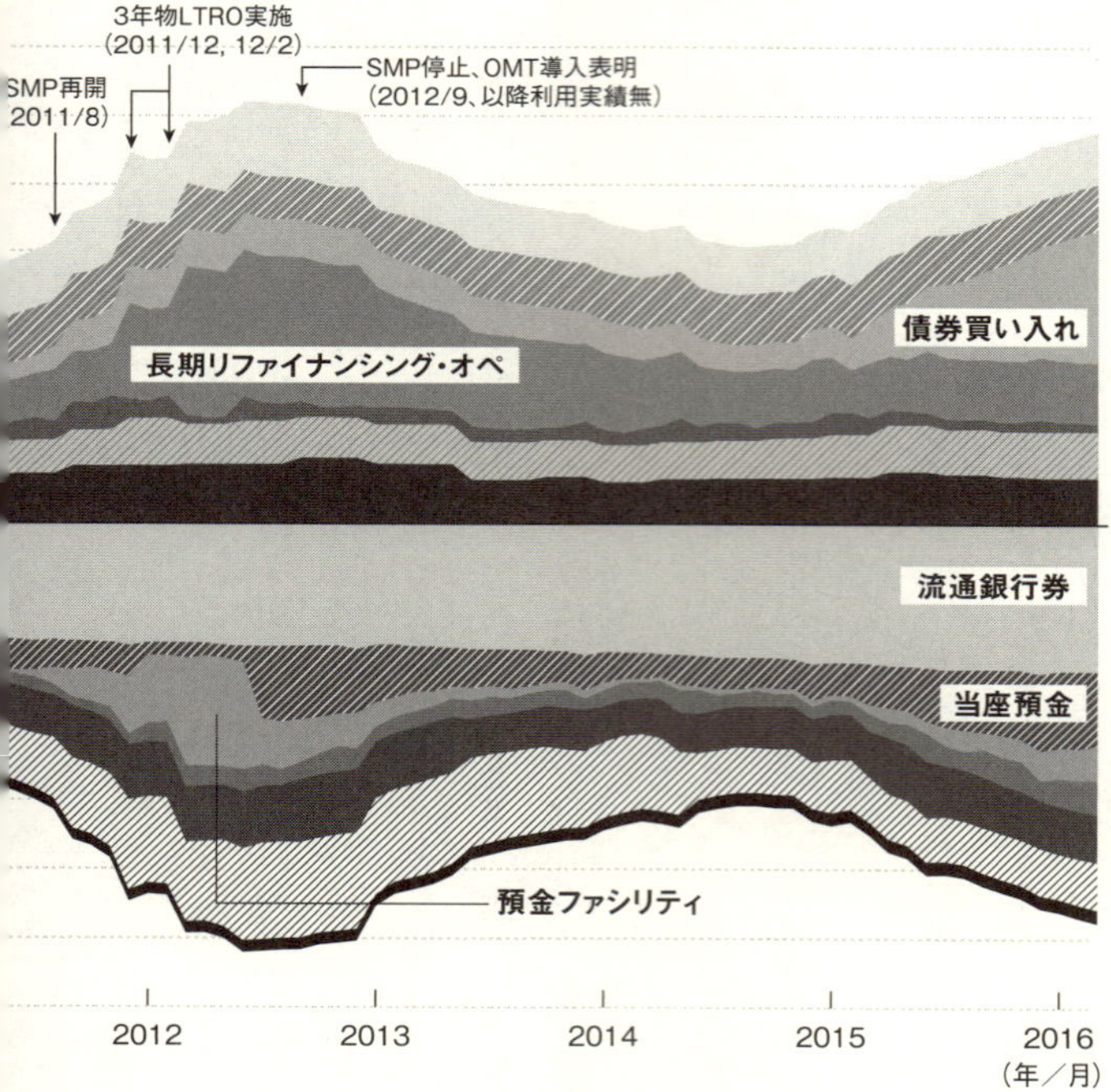

図表4-3　金融危機前からのユーロシステム(ユーロ圏の中央

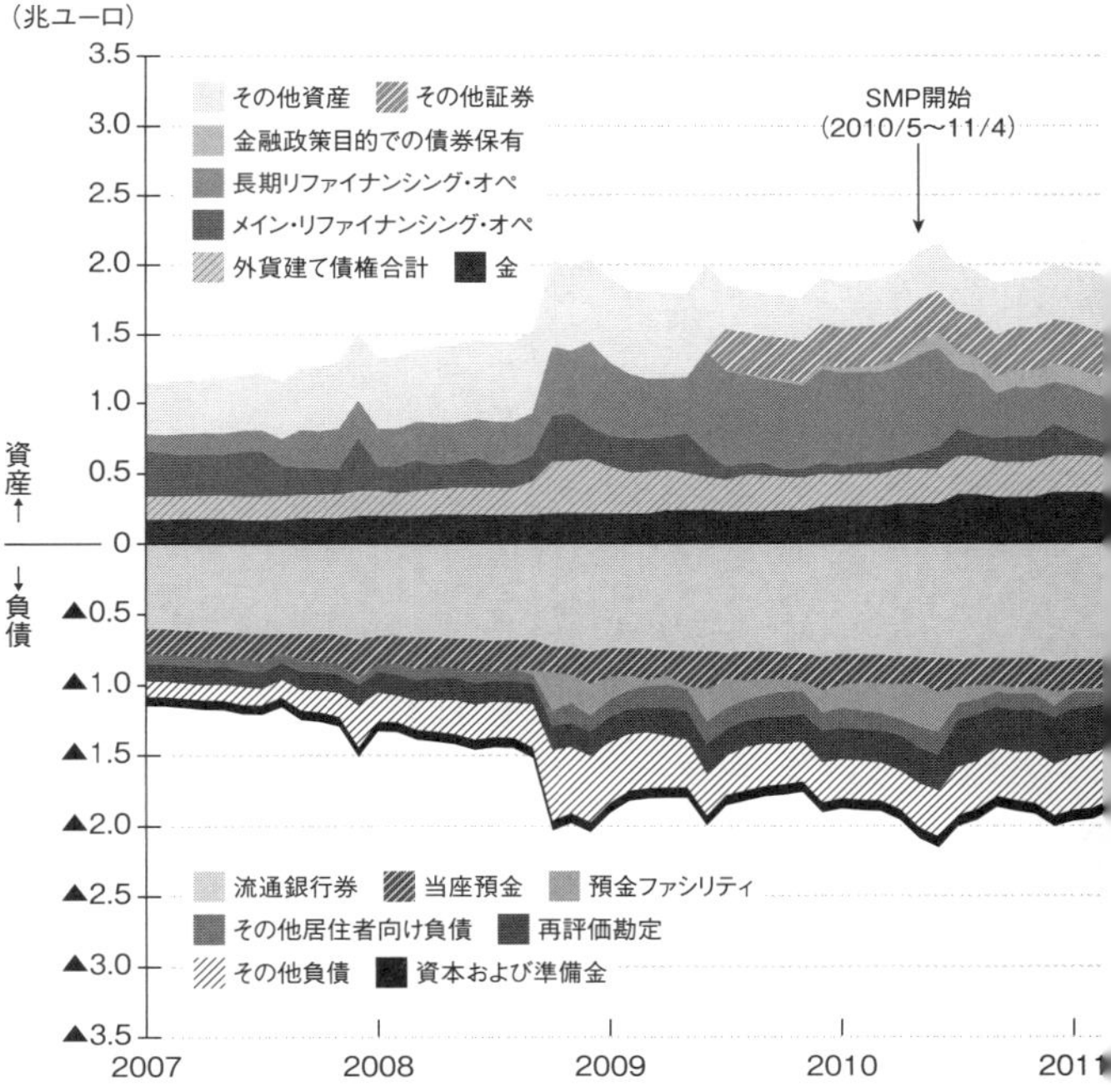

(資料)ECB,"Statistical Bulletin"データを基に作成。
(注)負債勘定の計数を本図では便宜的にマイナス表記した。

頭に置いています。今、わが国で行われているのとはだいぶ異なる、思慮深い、責任ある政策運営が行われていることは間違いなさそうです。

註

＊1　Ben S. Bernanke and Vincent R. Reinhart, "Conducting Monetary Policy at Very Low Short-Term Interest Rates (Policies to Deal with Deflation)", American Economic Review, The American Economic Association, May 2004.

＊2　お金が中央銀行から民間金融機関経由で世の中へ流れていく際、銀行券（現金通貨）は、中央銀行が民間金融機関に供給した金額がそのまま変わることなく、ＡＴＭなどを通じて私たちに供給されることになります。これに対して、中央銀行が民間銀行に供給する中央銀行当座預金（＝準備預金）は、それを元手に民間銀行が世の中に貸出を行ったりしてお金を供給する際、現在とは異なる金融危機前のタイトな短期金融市場の状況のもとでは、中央銀行当座預金に一定の倍数（「信用乗数」）をかけたものになり、実際にはその値は不安定であることも知られています。

＊3　住宅ローンを担保とする債券のこと。

＊4　日銀の金融政策決定会合に相当。

＊5　加藤［2014］はこの点の根拠となるFOMCメンバーの発言を、最近公開された二〇〇八年一二月のFOMC議事録から、次のように丹念に拾っています（八七～八八ページ。太字・傍線は筆者）。

ベン・バーナンキ議長（当時）

日本のアプローチ、量的緩和アプローチは、中央銀行のバランスシートの負債側、特に準備預金やマネタリーベースの量に焦点を当てたものだ。その理論は、銀行に安いコストの資金を大量に配ることで、彼らが貸出を増やし、それが広範囲にマネーサプライを増加させ、物価を押し上げ、資産価格を刺激し、経済を刺激するというものである。

量的緩和政策に関する私の評決は、極めてネガティブだ。私には大きな効果が見えなかった。それゆえ、我々は量的緩和策とは異なる政策を議論したい。

ドナルド・コーン副議長（当時）

私はマネタリーベースを増やすことの効果に懐疑的だ。その増加は資産価格に影響を及ぼすと思われているようだ。しかし、**マネタリーベースを増やしても短期金利がこれ以上低下しないゼロ%の状態では、どの程度の効果があるか疑問である。**

私には効果が波及する経路が理解できない。**準備預金やマネタリーベースの量を指示する政策に作り変えることに、私は、非常に、非常に、躊躇する。**

ジャネット・イエレン・サンフランシスコ連銀総裁（**現議長**）
ほとんどの証拠は、流動性の罠のときは、短期、中期には、マネタリーベースの変化は経済にほんのわずかの効果しかもたらさないと示唆している。このことは、**ゼロ金利下で政策手段としてマネタリーベースを採用することは不適切である**ことを意味している。

日本で量的緩和が行なわれた時は、銀行システムが必要とする量を超えてマネタリーベースが増額された。**それは日銀がゼロ金利政策を継続するという約束と関連してはいたが、それを除くと、認識できるような効果はなかった。**私の見解は議長が最初に表明されたものと同じである。

＊6　ただし、米国内外のマスメディアは通称として、QEと呼んでいます。
＊7　同行が二〇〇九年二月に公表した『金融政策レポート』(*Monetary Policy Report*) 収録の論文「金融危機およびデフレ懸念の時における金融政策の他の選択肢」(Monetary policy alternatives in times of financial crisis and concern over deflation)。
＊8　Sharon Kozicki, Eric Santor and Lena Suchanek, "Unconventional Monetary Policy: The International Experience with Central Bank Asset Purchases", Bank of Canada Review-Spring 2011, Bank of Canada, May 2011.

第五章　中央銀行は持ちこたえられるか

「出口戦略」を一切明らかにしない日銀

主要な中央銀行が金融危機以降に用いなければならなくなった「非伝統的な手段」、とりわけ「大規模な資産買い入れ」（ＬＳＡＰ）は、米国では危機後に大きなダメージを受けた実体経済を立て直すうえで一定の効果があった、との見方が固まりつつあります。

他方、日銀が日本経済の「デフレ脱却」に向けて継続してきたＱＱＥは、とりわけ導入当初は円安が進展し、同時に実施された補正予算による大規模な財政出動の効果もあいまって、物価水準を押し上げるうえで成果もありましたが、その後は力が続かず、持続的な効果はなかなか見いだしにくい状況になっています。

では、この手段を実際に採用した中央銀行には、あとあといかなる課題や困難が待ち受けることになるのでしょうか。

日銀は、ＱＱＥからのこの「出口」問題、ないしは「正常化戦略」について、「明らかにすることは時期尚早」との姿勢を、着手から三年半以上経過してもなお崩していません。

二〇一六年九月の金融政策決定会合の際に行った「総括的検証」においても、出口を展望した見通しや取り組みの方針などを明らかにすることは一切ありませんでした。

同様のＬＳＡＰを金融危機後に展開していたＦｅｄの政策運営の姿勢は、最初から日銀とは対照的なものでした。ＬＳＡＰのまだ初期に当たる二〇一〇年から、バーナンキＦＲＢ議長（当時）自ら、正常化戦略に関する内部でのそれまでの検討内容やその後の検討方針などを、議会証言などを通じて米国民や市場関係者に説明しています。その後もＦｅｄは、政策運営を進めるのと同時並行で、慎重に、時間をかけて、正常化戦略を検討していき、折りにふれ、その考え方をイエレン現議長はじめ首脳陣が丁寧に説明し、今では正常化の実行段階に入っています。

日銀も実際にはＦｅｄと同様の方法や手順で進めることが現実的になるとみられます。この後、近年の国会での参考人質疑においても、そうした考え方を日銀の首脳陣自身が認めています。そこで本章では、Ｆｅｄが示している考え方や実際の進め方を参考に、大規模な資産買い入れを行った中央銀行が、金融政策運営の正常化に向かう局面で、どのような課題や困難に直面することになるのかをみてみましょう。

巨額の超過準備解消がＦｅｄの「正常化」目標

最初に、Ｆｅｄのバランス・シートの大まかな見取り図を確認してみます（図表５－１）。前掲の図表４－１でみた最近の日銀のケースと同様、買い入れた債券の残高が発行銀行券の残高を大きく上回り、巨額の超過準備（図中の「預金機関預金」）が発生していることがわかります。このような状態は、二〇〇八年の金融危機以降、Ｆｅｄが結局、七年弱にわたり続けざるを得なくなったＬＳＡＰによる政策運営の結果、形成されたものです。

日銀との違いは、買い入れた資産の大半が、日銀の場合は国債であるのに対し、Ｆｅｄの場合は米国債（図中の「財務省証券」）のみならず、多額のＭＢＳ（モーゲージ担保証券）を含むことです。

これは、米国の資本市場が、日本のようにさながら国債の「寡占」状態にあるのとは異なり、民間の住宅金融関連の証券化商品（ＭＢＳもその一つ）の占めるウエートが高いことによります。にもかかわらず、リーマン・ショックによってとりわけ、これらの証券化商品が大きな打撃を受けてしまったため、Ｆｅｄがそれらを大量に買い入れる必要に迫られたのです。このＭＢＳという商品は、比較的短い年数のうちに償還を迎える、もしくは証券化の際に担保となっているモーゲージ（住宅）ローンの借り換えなどにより、満期前に繰り上げ償還されることも多い半面、収益性は財務省証券などよりも高い、という特徴を有するもので、この点は後述するように、Ｆｅｄのその後の正常化戦略にも影響を及ぼすことになっていくのです。

Ｆｅｄのバランス・シートが図表５－１のような状態では、短期金融市場には〝余り金〟があふれ、そのままではとても金利がつくような状況ではないのは、現在の日銀と同じ状況です。そうしたなかでもＦｅｄは、民間銀行がＦｅｄに預ける預金（図表５－１中の「預金機関預金」で超過準備のこと）に付利すれば、それを市場金利の下限として、何とか市場金利を押し上げる誘導をすることができる、という手を編み出しました。

預金機関の立場からすれば、余り金はＦｅｄに預ければ、いつでも誰でもその付利水準の利息をＦｅｄにつけてもらえるのだから、預金機関同士の取引としては、それを上回る金利水準のものしか成立しなくなるはずだ、というロジックです。

（2007年12月末と2016年8月末）

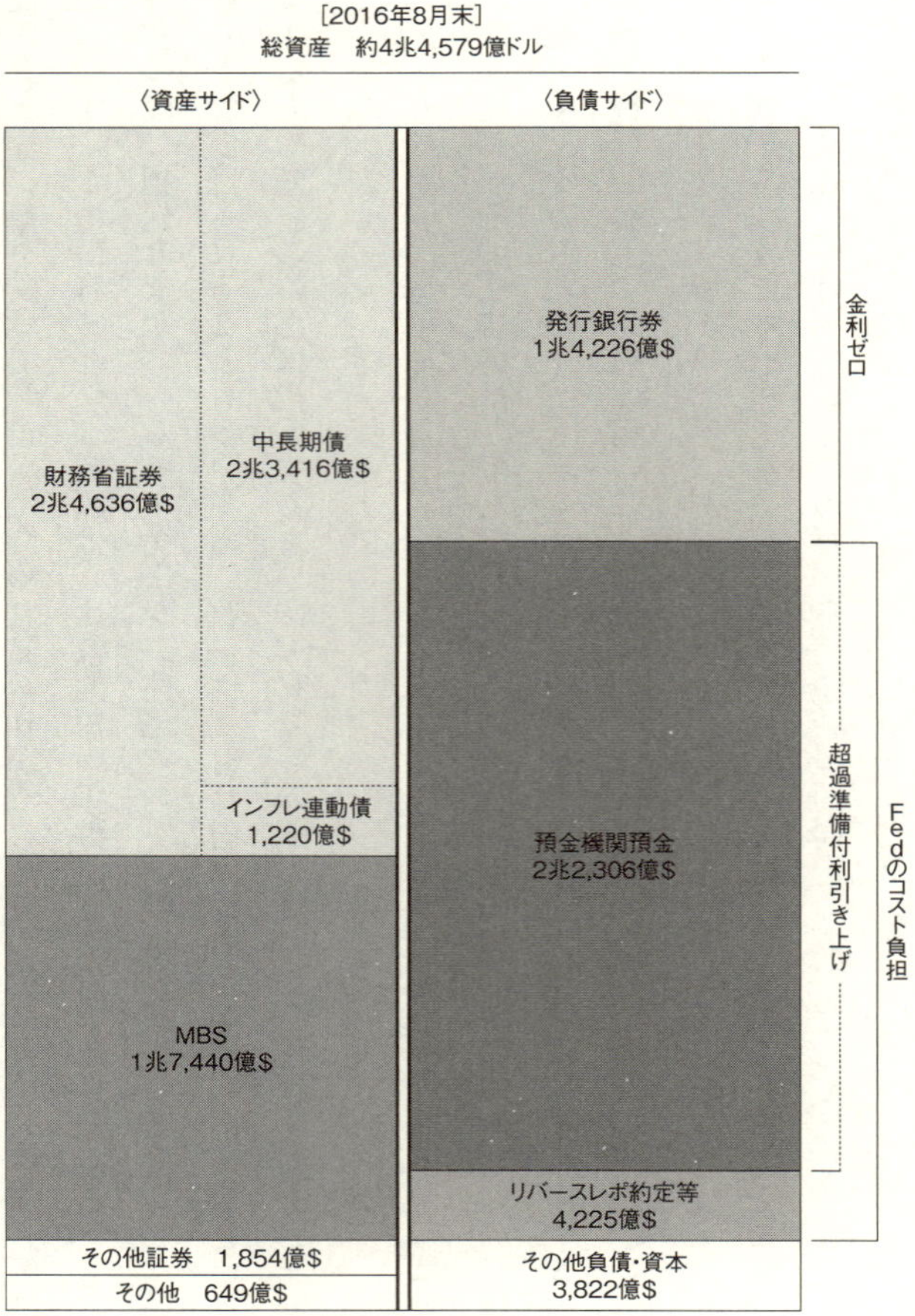

図表5-1 Fedのバランス・シートの大まかな見取り図の比較

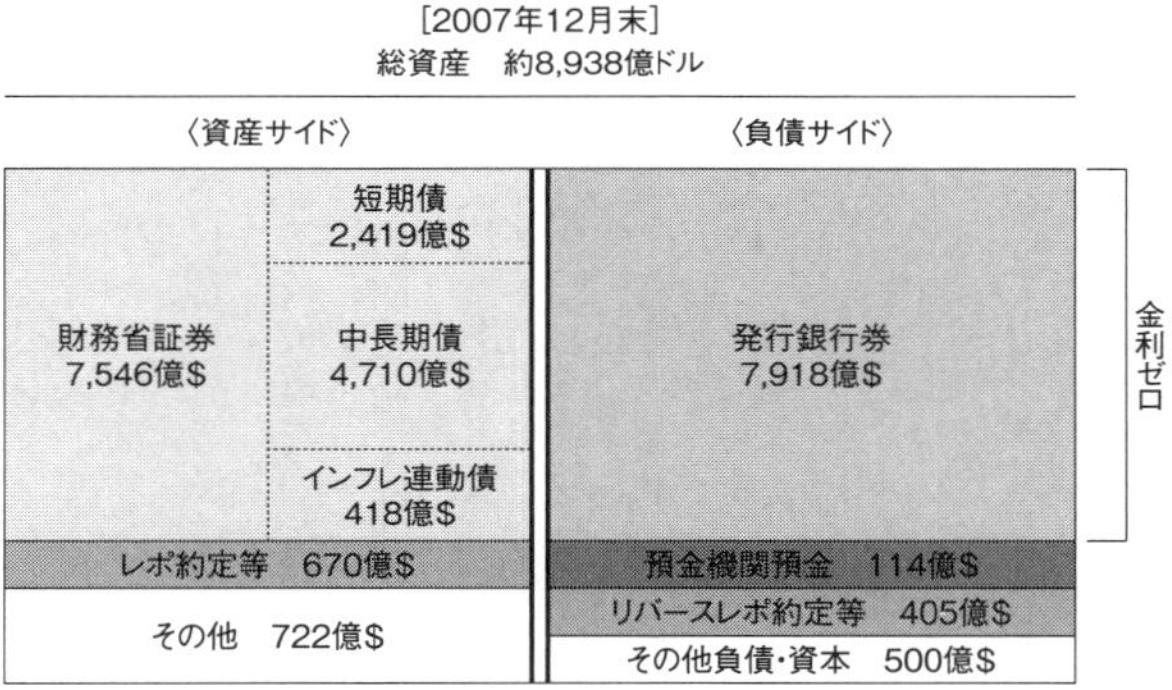

(資料)FRB, Federal Reserve statistical release, H.4.1 Factors Affecting Reserve Balances of Depository institutions and Conditions Statement of Federal Reserve Banks, December 27, 2007およびSeptember 1,2016の計数を基に作成。
(注)インフレ連動債の計数にはインフレ変動による元本調整分も含む。

そこでＦｅｄとしては、正常化の初期の局面では、そうしたやり方で金融を徐々に引き締めつつ、最終的にはＬＳＡＰの結果抱えてしまった巨額の超過準備を解消することを「正常化」の目標に据えました。危機前のような、資金需給がタイトに引き締まった短期金融市場の状態を回復し、Ｆｅｄが元のように、日々、相対的にみれば少額の規模のオペをかけることを通じて、市場金利を誘導できる状況を取り戻したい、と考えたのです。

Fedと日銀、取り組み姿勢の大きな違い

Ｆｅｄは二〇〇八年末以降、通称〝ＱＥ

1〟〝QE2〟〝オペレーション・ツイスト〟、〝QE3〟という順番で、足掛け七年弱の期間、断続的にLSAPを実施しました（前掲図表4－2）。

バーナンキFRB前議長は、Fedがまだ〝QE1〟の終盤にあった二〇一〇年二月、LSAPによる政策運営のまだ初期に、米議会の下院金融サービス委員会において、早くも「Fedの出口戦略」に関する議会証言を行っています。「異例の緩和がこのまま永続することは決してあり得ない」と、まず釘を刺したうえで、現時点での「正常化戦略」で実際に採用されている手段を、この時点でほぼ正確に認識し、米議会という米国民や市場に対する公式な説明の場で、具体的かつ明確に述べていたのです。こうした話は、現時点における日銀からは一切聞こえてくることのないものばかりで、初期の段階から、Fedと日銀の取り組み姿勢がかなり相違していたことがわかります。

二〇一一年には、Fedが実際の金融政策運営を決定する連邦公開市場委員会（以下FOMC）においても、正常化戦略のあり方が議題とされました。その内容はもちろん、三週間後に公表される議事要旨（Minutes）を通じ、米国民や市場関係者に対して明らかにされたほか、バーナンキ前議長も記者会見などを通じて説明しています。同年六月には、その原則に関して、ＦＯＭＣでその時点としての合意もなされています。

Ｆｅｄが正常化戦略に関する検討を深めるうえで、大きな転機になったとみられるのが、二〇一二年一二月のＦＯＭＣです。

この会合では、正常化局面に関するＦＲＢスタッフによる試算結果が提示され、それを踏まえて議論が行われたことが、議事要旨からわかります。その試算結果は、正常化局面におけるＦｅｄ自身の財務運営、具体的にはＦｅｄの収益幅がどのように縮小し、Ｆｅｄから連邦財務省への納付金がどのような姿になるのかに関する点を含むもので、ＦＯＭＣメンバーの多くが、かなりの衝撃を受けた様子が議事要旨からも窺われます（なぜＦｅｄの収益幅が縮小せざるを得なくなるのかは後述します）。前回会合までは議論にも上っていなかった、先行きの政策運営に関する慎重論、「ＬＳＡＰは早めに終えるべき」といった意見が、この一二月のＦＯＭＣから次第に拡大していったことが、ＦＯＭＣ各回の議事録では明らかにされているのです。

なお、ＦｅｄはＦＯＭＣにおけるこのような議論と並行して、二〇一三年一月、対外向けに、ＦＲＢスタッフによるディスカッション・ペーパー（以下ペーパー）という、いわば「未定稿」の形態ながら、正常化局面におけるＦｅｄの財務運営、連邦財務省への納付金に及ぶ影響などに関する試算結果を公表しています。

〝バーナンキ・ショック〟と資産買い入れの縮小

このような流れのなか、バーナンキ前議長は二〇一三年五月、米議会の上下両院合同委員会で議会証言を行い、「超低金利の持続が金融の安定を阻害する可能性を深刻に受け止めている」「副作用の監視を強化する」「二〇一三年中にも資産買い入れを縮小する可能性がある」などと述べました。これを機に、米国の長期金利は急騰し、つられて諸外国の長期金利も急騰したため、〝バーナンキ・ショック〟とも呼ばれる事態となったのです（前掲図表１－４）。バーナンキ前議長は二〇一四年一月末で退任、副議長であったイエレン氏が翌二月にＦＲＢ議長に就任しましたが、正常化をにらんだ金融政策運営は、そのまま引き継がれていきました。

実際には、二〇一四年一月から、Ｆｅｄは資産買い入れ規模の縮小（〝tapering〟）を開始しました。ＦＯＭＣにおいては、実際の正常化プロセスのあり方に関する検討がさらに重ねられ、同年九月には〝政策正常化の方針と計画〟が公表されています。これは、正常化プロセスの手順や実際に用いる手段を、二〇一一年時点でＦＯＭＣが合意した原則から、その後の状況変化に合わせて一部変更するものでした。

具体的には、①ＦＦレートの引き上げ誘導開始→②ＳＯＭＡ（システム公開市場勘定）[*1]の保有資産の再投資停止開始、という手順で進めるほか、バランス・シート規模を縮小させ超過準備を解消する手段として二〇一一年の段階では含めていたＭＢＳ売却は、最終的には基本的に想定しないこととされました。これは、市場金利への悪影響の可能性もさることながら、スタッフの試算結果に基づけば、収益性の高いＭＢＳを早期に売却してしまうとＦｅｄの収益がとても持ちこたえられそうにない、という点が明らかになったことが勘案された模様です。

バランス・シート規模を縮小させ、超過準備を解消する手段として、買い入れてきた財務省証券を売却する、という考え方は、市場金利への悪影響が想定されるほか、市場金利の上昇局面（＝債券の価格の下落局面）で売却すれば、Ｆｅｄ自身が売却損を被らざるを得なくなることから、最初からとられてはいませんでした。代わりに、債券の満期が到来したところで、正常化プロセスのある時点から再投資をやめることを通じて、バランス・シートの規模を縮小していこうという穏便なやり方が選択されたのです。

正常化加速のタイミングを計り続けるFed

イエレンFRB議長は、二〇一四年九月のFOMC後の記者会見において、正常化の目途は二〇二〇年頃を想定している、と説明しています。そして翌一〇月をもって、資産買い入れは停止されました。その後、再投資によってSOMAの規模は維持されてきていますが、二〇一五年一二月、危機後初のFFレート引き上げ誘導（上限〇・二五パーセント→〇・五〇パーセント）が実施されました。ただ、その後の追加利上げには時間がかかっており、二〇一六年九月のFOMCでも見送られましたが、一六年末までには実施される可能性が高まりつつある状況です。

そこで、FOMCが正常化の検討を進めるうえで、かなりの影響を与えたとみられる、Fedの財務運営の先行きに関する試算結果がどのようなものであったのかを、二〇一三年一月に一般に対外公表され、その改訂版が同年九月に公表されたペーパーの内容からみ

図表5-2　正常化プロセスのシナリオ別の試算結果の概要

	SOMAの規模が正常化	SOMAの構成が正常化	2025年のMBS保有額	2009〜25年累積ベースでの納付金	納付金のトラフ（底、凹み）
	時点（年月）		金額（10億ドル）		
ベースライン	2020年8月	-	$407	$908	$17 (2018)
MBS売却	2019年5月	2020年3月	$0	$841	$0 (2018-2019)
失業率6%の閾値	2021年6月	-	$512	$1,052	$31 (2019)
準備排出手段+50bp	2020年8月	-	$407	$870	$12 (2018)
高金利+200bp					
ベースライン	2020年8月	-	$407	$869	$0 (2017-2019)
MBS売却	2019年6月	2020年6月	$0	$804	$0 (2017-2021)

（資料）Seth B. Carpenter et al, "The Federal Reserve's Balance Sheet and Earnings: A primer and projections", Finance and Economics Discussion Series 2013-01, Divisions of Research & Statistics and Monetary Affairs, Federal Reserve Board, September 2013, p5, Table1を基に作成。

てみましょう。

ＦＲＢのスタッフがＦＯＭＣでの議論や当時の市場金利を基に、シナリオ別に行った試算結果の概要は図表５－２のとおりです。

その一部をみてみると、ＳＯＭＡの債券保有規模は、満期落ちへの着手によって二〇二〇年前後までに急速に縮小し、同年前後には超過準備がほぼ解消する姿が示されています。また、ＦＦレートの引き上げ誘導によって、ＳＯＭＡで保有する資産の利回りとＩＯＥＲとの間での順ざやの幅が次第に縮小するなどの事情により、Ｆｅｄの収益基盤が悪化し、Ｆｅｄが正常化プロセスにある間の二〜五年程度の期間、連邦財務省への〝納付金ゼロ〟となる姿も示されているのです（図表５－２、３）。実際、収益の悪化は〝納付金ゼロ〟によっても賄い切れない程度にまで落ち込みますが、Ｆｅｄの場合、損失分は会計上〝繰延資産〟（deferred assets）を資産サイドに計上して、いわばＦｅｄの先行きの収益を先食いする形で対応する制度となっています。

その赤字の最大の幅は、「ベースライン」シナリオで二〇一九年に二〇〇億ドル程度、「高金利＋ＭＢＳ売却」シナリオでは売却損も嵩むため、同年に実に一四〇〇億ドル程度にまで達するとの結果となっていることが、図表５－３からも読み取れます。この試算結果が、ＦＯＭＣにおいて提示された内容と全く同じものかどうかまでは定かではありませんが、ＦＯＭＣメンバーが相当な衝撃を受けたであろうことは想像に難くありません。

その後の実際の政策運営は、この時点における前提とはやや異なる経路をたどり、全体としてはやや遅れ気味になっています。しかしながら、この試算結果は、正常化局面における金融市場の姿や、中央銀行であるＦｅｄの財務運営がどの程度の影響を受けることになるのかを把握するうえで、今もなお大いに参考になると考えられます。

図表5-3　Fedの財務省への納付金および繰延資産の試算結果

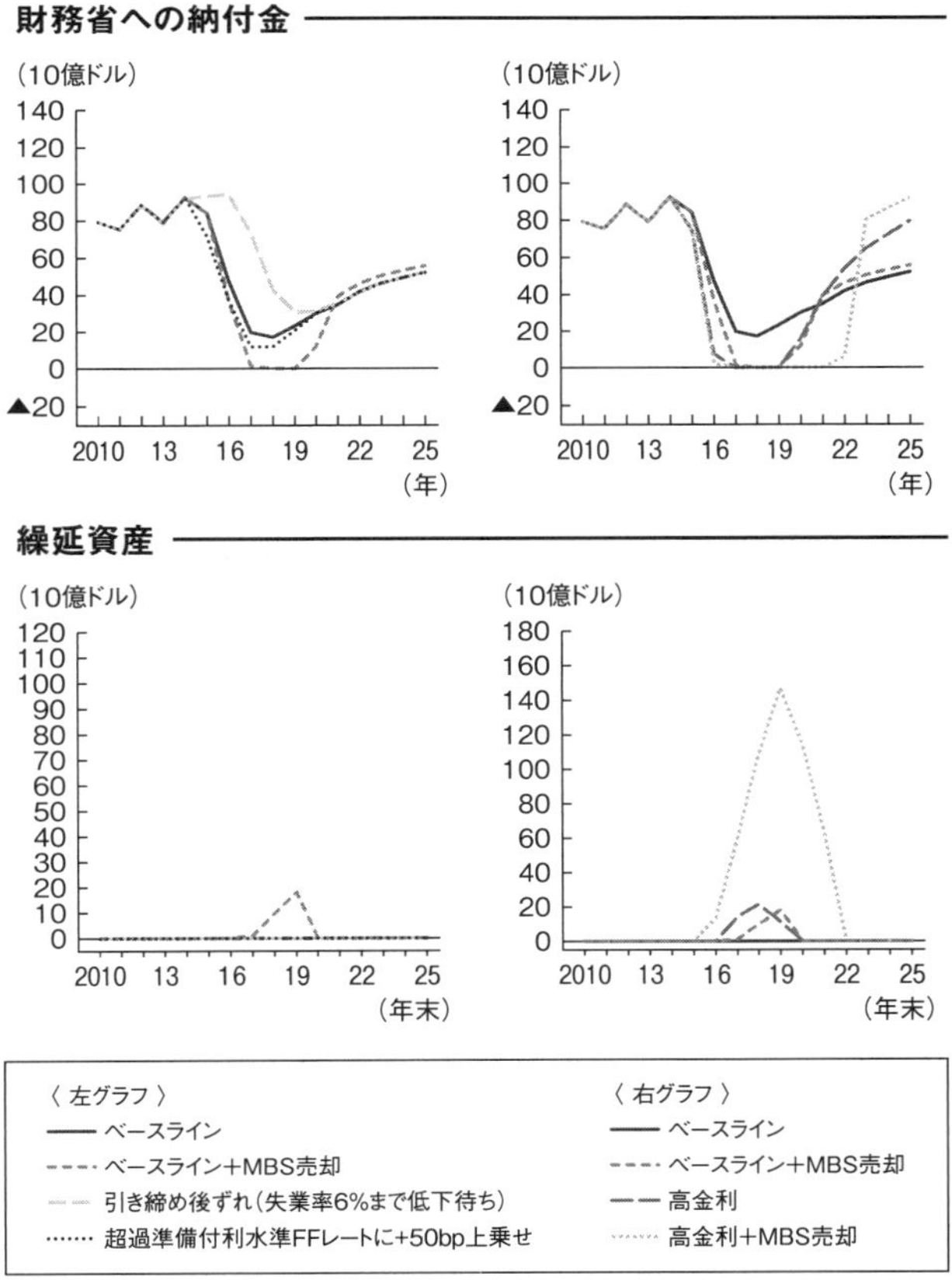

（資料）Seth B. Carpenter et al, “The Federal Reserve's Balance Sheet and Earnings: A primer and projections”, Finance and Economics Discussion Series 2013-01, Divisions of Research & Statistics and Monetary Affairs, Federal Reserve Board, September 2013, p26 Figure 3, p28 Figure 5を基に作成。

図表5-4　SOMAの財務省保有証券の満期配分の変化

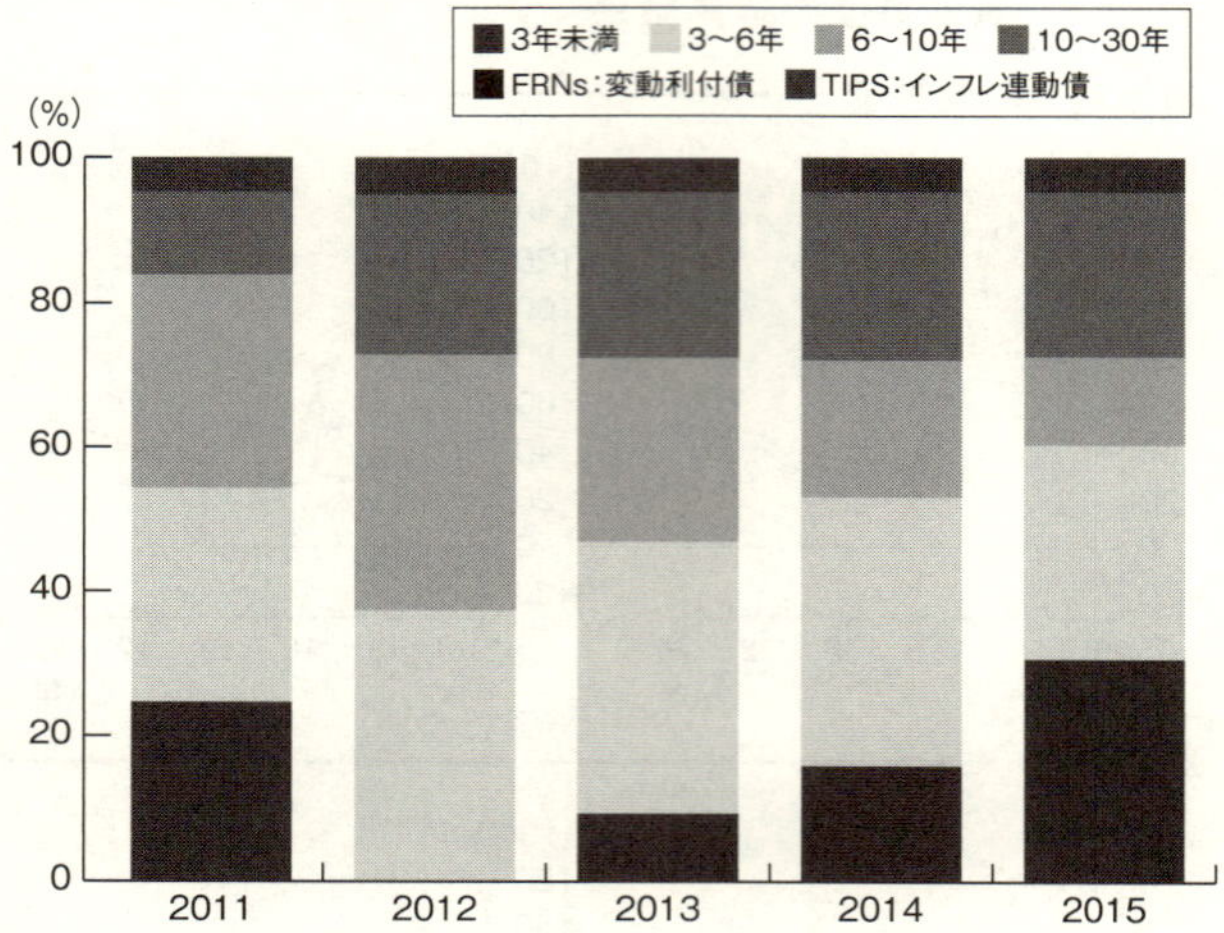

（資料）FRBNY, Domestic Open Market Operation during 2015, April 2016, p22 Chart14
（注）変動利付債は、2014年と2015年に1%未満の保有あり。

ちなみにＦｅｄはこの後も、正常化に関する見通しを、ニューヨーク連銀が年一回行う報告のなかで明らかにしています。それによれば、Ｆｅｄは今後、本格的にバランス・シートの規模を縮小させていく局面に入ることを控え、保有している財務省証券の満期構成を年々、短期化させており（図表５－４）、その結果、二〇一六年四月時点では、超過準備が解消され、Ｆｅｄのバランス・シートの規模が元どおりになるのは二〇二一年頃、という想定が示されています（図表５－５）。

図表5-5　SOMAの国内証券保有の予測:ベースライン

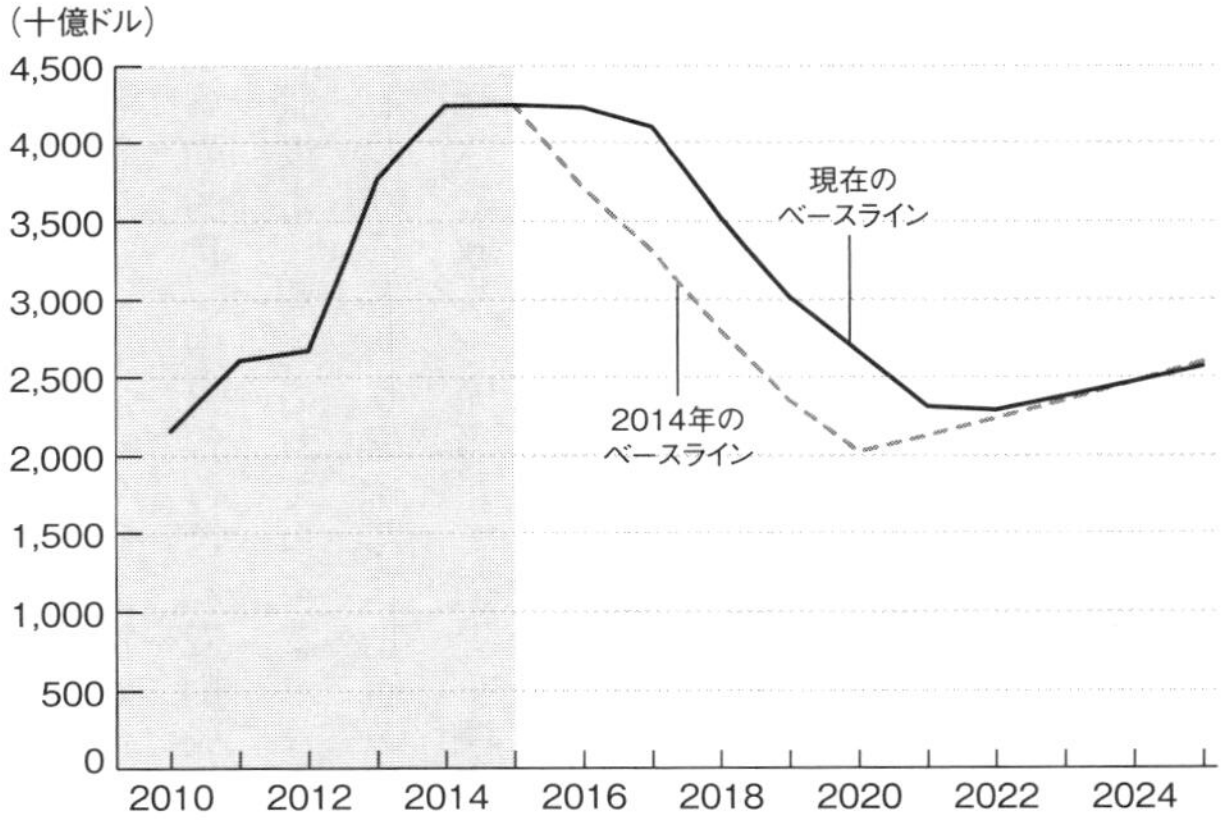

（資料）FRBNY, Domestic Open Market Operation during 2015, April 2016, p31 Chart24

正常化プロセス上の厳しい制約

ＬＳＡＰによる金融政策運営は、それを実施している間、言い換えれば実体経済の回復基調が捗々《はかばか》しくない間には問題が表面化しにくい、というものです。ただし、いったん正常化プロセスに入り、実体経済の回復の足取りが確かなものとなって市場金利が上昇してくれれば、中央銀行は財務運営上の困難に直面するのです。ＦＲＢのスタッフによる試算結果は、この点をまざまざと物語るものとなっています。日銀が抱える状況も、これと全く同様であると考えられます。Ｆｅｄの首脳陣やＦＯＭＣメンバーはかねてから、正常化プロセスの進展に伴い、先行きのＦｅｄの収益が悪化すれば、金融政策運営上、政府からの独立性が損なわれかねない点をかなり憂慮している模様です。

Ｆｅｄの場合、中央銀行として損失を計上したり、連邦政府からの損失補塡を得ることは現行制度上、想定されてはいません。また、現在、米国内でそのような対応が議論に上っているわけでもありません。先述のとおり、そのようなケースではＦｅｄは制度上、自らの先行きの収益を充当して損失を埋める形での「繰延資産」を計上して対応することになっています。この「繰延資産」は、どこまで計上することが許されるのか、図表５－３の「繰延資産」の折れ線で示された部分の面積（＝Ｆｅｄが被る損失の累積額）がどの程度まで拡大することが許されるのかという点が焦点となってくる可能性があります。

ちなみに、この点に関してＦＲＢスタッフによる前掲のペーパー（二〇一三年公表）では、決して「青天井」とはなり得ない、あくまでＦｅｄが将来的に得られる利益を先食いできる範囲内が限度、という考え方を示しています。Ｆｅｄが金融政策運営を正常化させるためには、このような収益悪化状態を限られた年数内で乗り切って、超過準備を解消させることが必要となりますが、この点が正常化局面におけるＦｅｄの政策運営の〝重い制約〟となってのしかかってくる可能性もあります。

具体的には、今のようにFFレートの誘導水準（＝超過準備への付利水準）が低いうちはよいのですが、この金利水準が引き上げられてくると、Fedとして「（資産につく金利）マイナス（負債につく金利）」の「順ざや」幅が狭まり、財務運営上も厳しい局面に差しかかってくるものと予想されます。Fedとしては、そうした局面をできるだけ短期間で通過したいと考えるはずで、この〝制約〟を何とか乗り切るべく、FFレートの引き上げ誘導がある程度まで進めば、次のステップとして、保有する債券の再投資停止（「満期落ち」）に大胆に踏み切ってくるものと考えられます。そして、そのときには、米国の長期金利に相応の押し上げ圧力がかかり、わが国を含めた米国外の金融情勢にも大きな影響が及ぶ可能性があると考えられるのです。

正常化に向かう局面で日銀に何が起きるか

では、日銀が今後、正常化に向かう局面では、どのようなことが起こると考えられるのでしょうか。二〇一三年のQQEの実施後、日銀のバランス・シートは大きく拡大しましたが、日銀の場合も、Ｆｅｄと同様の手順で正常化を進める可能性が高いのではないかとみられます。

具体的には、現在、年間約八〇兆円としている国債などの買い入れペースを徐々に緩めて、最終的には新規買い入れを停止し、その後、短期の市場金利をプラス圏内で少しずつ引き上げるべく、当座預金への付利を徐々に引き上げつつ、ある時点からは、保有している国債の満期落ちを開始して、バランス・シートの縮小と超過準備の解消を図っていくことになるものと考えられます。

日銀は二〇一五年度決算発表の席上で、金利が一パーセント上昇した場合、日銀自身の国債の含み損が二〇・六兆円に達することを明らかにしています。こうした点からも、日銀にとってもＦｅｄと同じく、買い入れてきた国債を金利上昇局面で売却してバランス・シートを縮小させたり、超過準備を解消しようとするのは、日銀自身が被ることになる売却損が余りにも嵩んでしまい、非現実的な選択肢であろうということがわかります。

そして、Ｆｅｄとは異なる日銀の最大の問題点は、これまで買い入れて保有している国債の平均利回り水準が相当に低いことです（図表５－６）。日本の場合は、超低金利状態

図表5-6 「量的・質的金融緩和」実施前後での日本銀行の運用資産利回りの推移

実施前← →実施後 (%)

	2013/3月末	2014/3月末	2015/3月末	2016/3月末	上半期	下半期
運用資産合計(利回り)	0.502	0.447	0.415	0.389	0.409	0.371
円貨資産	0.466	0.424	0.400	0.376	0.396	0.359
貸出金	0.100	0.100	0.100	0.099	0.100	0.098
買現先勘定	-	-	-	▲0.120	-	▲0.120
国債	0.593	0.482	0.443	0.413	0.436	0.392
短期国債	0.102	0.073	0.021	▲0.043	▲0.011	▲0.078
長期国債	0.719	0.613	0.556	0.495	0.528	0.468
コマーシャル・ペーパー等	0.108	0.092	0.088	0.048	0.078	0.019
社債	0.249	0.174	0.122	0.102	0.122	0.082
外貨資産	1.560	1.351	1.171	1.098	1.111	1.085

(資料)日本銀行『第131回事業年度(平成27年度)決算等について』(2016年5月27日)、『第130回事業年度(平成26年度)決算等について』(2015年5月27日)。

が米国に比較してもかなり長期間にわたってきたため(前掲図表1－4)、日銀が買い入れる対象になった国債も低いクーポン(債券の利子)がついたものしかないのが実態です。

Ｆｅｄが保有している財務省証券の加重平均利回りは三パーセントを超えているとみられるのに対し、日銀の場合は国債全体の加重平均利回りはわずか〇・四パーセント、その他の資産も合わせると〇・三九パーセントしかない状態です。[*2] これは国内外の経済・金融情勢の変化によって金融引き締めを迫られれば当座預金への付利の水準を、仮に現在のＦｅｄのＦＦレート並みの〇・五パーセントに引き上げるだけで日銀が「逆ざや」状態に陥

図表5-7　「量的・質的金融緩和」実施前後での日本銀行の自己資本残高および自己資本比率の推移

実施前←　→実施後　　（億円）

	2013/3月末	2014/3月末	2015/3月末	2016/3月末	2016/3月末 前年度末比増減
資本勘定（A）	27,415	28,863	31,386	31,591	205
資本金	1	1	1	1	-
法定準備金等	27,414	28,862	31,385	31,590	205
引当金勘定（B）	33,396	36,493	40,294	42,754	2,459
貸倒引当金（特定を除く）	-	-	-	-	-
債券取引損失引当金	22,433	22,433	22,433	26,934	4,501
外国為替等取引損失引当金	10,963	14,060	17,861	15,819	▲2,041
自己資本残高（A）+（B）=（C）	60,811	65,367	71,680	74,346	2,665
銀行券平均発行残高（D）	815,695	844,116	873,941	922,957	49,015
自己資本比率（C）/（D）×100	7.45%	7.74%	8.20%	8.05%	▲0.15%

（資料）日本銀行『第131回事業年度（平成27年度）決算等について』（2016年5月27日）、『第130回事業年度（平成26年度）決算等について』（2015年5月27日）。
（原資料注）法定準備金等には特別準備金（13百万円）を含む。

ってしまうことを意味します。前掲の図表4－1からも明らかなように、日銀はすでに約三〇〇兆円規模の当座預金を抱えており、この状態で仮に一パーセント逆ざやが発生すれば、年間三兆円がとんでいく、という恐ろしい事態になるのです。

これに対して、日銀の自己資本をみると（図表5－7）、資本金はわずか一億円、準備金は約三・二兆円、引当金は約四・三兆円というレベルに過ぎません。日銀は、正常化局面に入って、当座預金への付利の引き上げを始めれば、あっという間に「逆ざや」に陥り、国内外の金融情勢次第では、わずか数年のうちに自己資本も食いつぶして債務超過に陥りかねない、という状況にあるのです。

日銀の木内登英審議委員は、二〇一五年一二月三日に行われた講演会[*3]の席で、「大規模緩和の出口（終了）段階で日銀当座預金につける金利（付利）を現在の〇・一パーセントから仮に二パーセントに上げた場合、「約七兆円の損失が出る可能性がある」との試算を明らかにしたと報じられています。また、日銀の雨宮正佳理事は、二〇一六年三月三一日の参議院財政金融委員会での答弁において、同年三月二〇日時点の日銀のバランス・シートの計数に基づき、出口で〝二パーセントの逆ざや〟になったと仮定とすれば、日銀は年五・二兆円の損失を被る、との見方を明らかにしています（第九章コラム参照）。

その後、日銀は「マイナス金利付きＱＱＥ」「長短金利操作付きＱＱＥ」を立て続けに導入していますが、それまでのＱＱＥの結果としての巨額の国債・巨額の超過準備は引き続き、日銀のバランス・シートに残存しています。年七兆円とか年五・二兆円というのは、現時点においてもなお、将来的に当然、想定しておくべき財務運営コスト規模だと考えられます。

しかも、さらに問題となるのは、そのような債務超過の期間がどの程度継続するかです。日銀が現在、保有している国債の残存期間を加重平均すると、すでに七年超に達しています。[*4]これは、単純に計算すれば、満期が到来した国債の全額について、再投資せずに満期落ちさせるとしても、全体の保有額を半減させるために七年超という年数がかかることを意味します。

専門家からは、正常化過程で想定される銀行券の動向なども含めてより詳細に試算すれば、超過準備の解消には約二〇年を要する、というような試算結果も示されています（藤木・戸村［2015］）。それほどの期間、年数にわたり、果たして日銀が債務超過状態を乗り切れるのか、政府の財政運営への影響はどうなのか。これこそが、現在の日銀とこの国が抱える、将来に向けての最大の副作用、問題点であるといえましょう。

確かに、債務超過転落を回避するため、テクニカルな対応を考えられないわけではありません。もっとも単純には、これほどまでに増えてしまった日銀の当座預金を、日銀が金利を支払わなくて済む法定準備預金にできるだけ切り替えてしまうことが考えられます。[*5]

また、日銀が保有する国債を変動利付国債化させ、日銀が付利を引き上げても逆ざやに陥らないようにするため、引き上げ誘導した短期金利と同水準の金利を、都度、政府が日銀に支払うことにしてはどうか、というようなプランも提案されています（岩村［2016］）。これとても、政府が、国債金利の支払いに形を変えて、日銀に損失補塡をすることに他ならないでしょう。いずれの方法にせよ、テクニカルにどう工夫したところで、すべてのツケは預金者、国民が払わされることになるのです。

なお、こうした先行きの財務運営上の問題に対応するため、日銀は、二〇一五年度の途中で財務運営方針の変更を財務大臣に申請して許可を受け、新たに「債券取引損失引当金」の積立を開始しました。図表5－7では、これまで金額がずっと横ばいで推移していたこの引当金が、二〇一五年度末に約四五〇〇億円、積み増されていることがわかります。

これと引き換えに、日銀の国庫納付金は、政府の二〇一五年度当初予算で計上されていた八二〇五億円に対して、決算ベースでは三九〇五億円に大きく減額されることになりました。それでも、日銀が将来的に被らざるを得ないであろう損失が、前述のように、年当たり兆円単位に嵩むであろうことからすると、この程度の引当金を今後、毎年度積み立てていったとしても、それでは到底足りない状況に陥りかねないことが強く懸念されます。

しかし、この引当金制度の導入問題が表面化した二〇一五年一〇月頃から、黒田総裁は、従来から繰り返してきた「出口問題は時期尚早」という考えと合わせ、記者会見などの場を通じて、「日銀の財務運営が赤字になっても、物価二パーセントの目標が達成されるまでは、金融緩和をやめることはない」という考え方を繰り返し明らかにしているのです。[*6]

マイナス金利導入の結果、損失覚悟で国債を買い入れざるを得なくなった日銀

日銀の財務運営には、二〇一六年に入って、新たな問題も生じています。二月に日銀は、それまでのＱＱＥに追加する形で「マイナス金利」政策を導入しました。これは、導入時点までに積み上げられた民間銀行の当座預金（「補完当座預金」、超過準備のこと）には引き続き、プラス〇・一パーセントの付利を継続するものの、今後、新たに積み上げられる当座預金には、少なくとも当初はマイナス〇・一パーセントの金利を課す（＝日銀にお金を預ける民間銀行側から、日銀が事実上の手数料を徴収する）というものです。

なお、日銀はこのマイナス金利政策を導入しながら、巨額の国債の買い入れも、それまでどおり年間八〇兆円のペースで継続することにしました。その結果、どういうことが起

こったかというと、日銀は、自ら打ち出した「マイナス金利」政策の結果、国債を損失覚悟で買い入れざるを得なくなったのです。どういうことかを説明します。

日銀は年間八〇兆円のペースで国債を買い入れようとするため、どんな値段でも民間銀行などから購入するようになりました。すると、外資系の金融機関を中心とする動きだったようですが、財務省理財局の入札で、「価格」が元本を上回るオーバーパーの状態（＝「金利」の形で計算し直せばマイナス金利の状態）で国債を仕入れても、それを入札価格を上回る値段で日銀の国債買い入れオペに出せれば、さやが抜けて稼げるため、例えば国債の元本を一〇〇円とすると、一一〇円で仕入れて一二〇円で日銀に売りつける、というような取引が横行し始めたのです。

「日銀トレード」がこのような形になってくると一〇円のさやが抜ける外資系金融機関側はよいですが、その国債を買い入れた日銀は、満期まで保有しても財務省からは一〇〇円の元本相当額しか返してもらえず、二〇円の大損を被ることになります。

ちなみに、日銀は償却原価法という会計原則を採用していて、こうした二〇円の損失を国債の満期到来時に一気に償却するのではなく、満期到来までの期間中、均等割りして負

図表5-8　「量的・質的金融緩和」実施前後での日本銀行の経常収入の推移

実施前←　→実施後　　　　　　　　　　　　　（億円）

	2013/3月末	2014/3月末	2015/3月末	2016/3月末		
					上半期	下半期
経常収入	7,410	9,087	11,447	13,963	6,938	7,025
円貨資産	6,641	8,385	10,785	13,267	6,593	6,673
貸出金	332	256	286	348	173	175
買現先勘定	-	-	-	▲0	-	▲0
国債	6,225	8,057	10,440	12,875	6,391	6,483
短期国債	220	295	108	▲208	▲28	▲179
長期国債	6,005	7,761	10,331	13,083	6,420	6,662
（参考）受入利息	9,595	12,703	16,822	21,614	n.a.	n.a.
（参考）償却額（利息調整額）	▲3,370	▲4,646	▲6,382	▲8,739	n.a.	n.a.
コマーシャル・ペーパー等	18	18	19	10	8	2
社債	65	53	39	32	19	13
外貨資産	768	701	661	696	345	351

（資料）日本銀行『第131回事業年度（平成27年度）決算等について』（2016年5月27日）、『第130回事業年度（平成26年度）決算等について』（2015年5月27日）、ブルームバーグ記事「日銀:国債購入で償却負担拡大、15年度8700億円に―緩和策が財務圧迫」2016年6月29日、日本経済新聞（電子版）記事「日銀に3つの不都合な真実　株高期待、高まらず」2016年8月18日を基に作成。
（注）国債収入のうち、（参考）と表記した別枠の内訳（受入利息、および償却額<利息調整額>）の計数は、2016年6月29日付ブルームバーグ報道、および2016年8月18日付日本経済新聞（電子版）報道に基づく（この両社に対して日銀が開示した計数）。

担を軽くしたうえで、毎期毎期少しずつ償却していくルールになっています。

　こうしたオーバーパーでの国債の買い入れは、QQE導入当初からある程度、行われていたものの、二〇一六年二月のマイナス金利導入後は、さらに大規模に行われるようになりました。二〇一六年五月に発表された二〇一五年度決算の計数に、日銀がその後、メディア各社に対して開示した計数を合わせてみると（図

表5－8)、マイナス金利の適用期間が年度末間際のわずか一カ月半しか含まれない二〇一五年度決算においてすでに、日銀の決算上、このマイナス金利での国債の買い入れに伴う償却負担が約九〇〇〇億円近い規模に達していることが明らかになったのです。

これは、日銀が、前述のように正常化に転じて付利水準の引き上げ開始に着手することを待たずして、財務運営上の限界に直面する可能性が生じていることを意味します。

なお、日銀内には、この自らの財務運営を問題視せずによしとするか、問題視するか、両方の考え方が存在しているようです。

前者の例としては、二〇一六年九月二七日に日銀が公表した『政策委員会金融政策決定会合議事要旨』(二〇一六年七月二八、二九日開催分)のなかに記述がみられます。[*7]

これに対して、中曽副総裁は、二〇一六年三月三日の記者会見において、「おっしゃっているのは、この後、日本銀行の収益が悪化した場合どうするのか、ここに、例えば税金を使うことは許されないのではないか、という趣旨だと思うが、それは承知をしている」「それ故に引当金制度を拡充しており、財務の健全性確保に役立つだろうと考えている」と述べています。

また、木内審議委員は、二〇一六年六月二四日の記者会見において、「マイナス金利の導入後、出口以降、あるいは出口の前も含めて、日銀のこうした財務の潜在的ロス、いずれか表面化するロスについてどう考えるか」という問いに対し、「非常に重要だと思っている」「金融政策の正常化の過程での日銀の財務体質への悪影響の可能性も依然として問題」「マイナス金利政策以降は、限界的には逆鞘のオペレーションになっている」「これがすぐに何か大きな問題を生むわけではないが、長い目でみると、非常に大きな問題」などと述べているのです。木内審議委員はこの記者会見で、マイナス金利付きのＱＱＥ（その後のイールドカーブ・コントロール付きの下でも同様）のもとでの金融政策運営が日銀の財務運営にどのような影響を与えるのかをわかりやすく説明しています。

日銀とＥＣＢのマイナス金利政策は異なる枠組み

参考までに、日銀に先んじてマイナス金利政策を導入しているＥＣＢの場合は、実は枠組みが全く異なります。彼らは危機後の早い段階から、異例の金融政策運営を行うとしても、超過準備を過度に抱える状況が先行き大きな困難をもたらしかねないことを十分に認識していたようです。マイナス金利を導入したのも超過準備がまだ少なく、短期金融市場の資金需給もタイトな状態にあった二〇一四年六月でした。そのため導入後も、日本のように短期金融取引が極端に細ってしまうことはなく、市場の取引によってマイナスのイールドカーブが作り出されることになったのです。イールドカーブとは、市場で形成される金利水準を短い年限から長い年限までつないだ利回り曲線のことです。

これに対して、日銀の場合は、巨額の超過準備が存在するなかでマイナス金利政策を導入したため、あっという間に短期金融取引が壊滅状態になってしまいました。そうした事情もあって、日銀はマイナスのイールドカーブを作り出すために、前述のように〝力ずく〟での国債買い入れオペを大規模に実施するよりほかにない状況に追い込まれてしまったのです。

さて、ECBがユーロ圏経済のデフレ化懸念への対応として、国債の買い入れオペに踏み切ったのは、マイナス金利導入後半年以上が経過した二〇一五年三月からでした。ECBの場合も、オーバーパーでの国債買い入れは行ってはいるものの、同行の三本の政策金利のうち、市場金利の最下限と位置づけられ、マイナスに設定した預金ファシリティ金利

（現在マイナス〇・四パーセント）を価格面での上限（金利面での下限）として明示しており、粛々と国債買い入れを行っています。

ＥＣＢは、ほぼすべての超過準備にマイナス金利を適用し、日銀のような階層方式は採用していません。中央銀行として財務運営が懸念されるような状況ではなく、バランス・シートの見取り図を見ても（図表５－９）、超過準備の規模も相対的には小さいため、日銀のように、先行き短期金利を引き上げ誘導するのに巨額の財務運営コストがかかってしまう、というようなことは決してなく、先行きの金融政策運営上のコントローラビリティ、自由度は十分に確保されているように見受けられるのです。

図表5-9　ユーロシステムのバランス・シートの大まかな見取り図

［2016年8月末］
総資産　約3.3兆ユーロ
名目GDP比　約27%（2016/1Q）

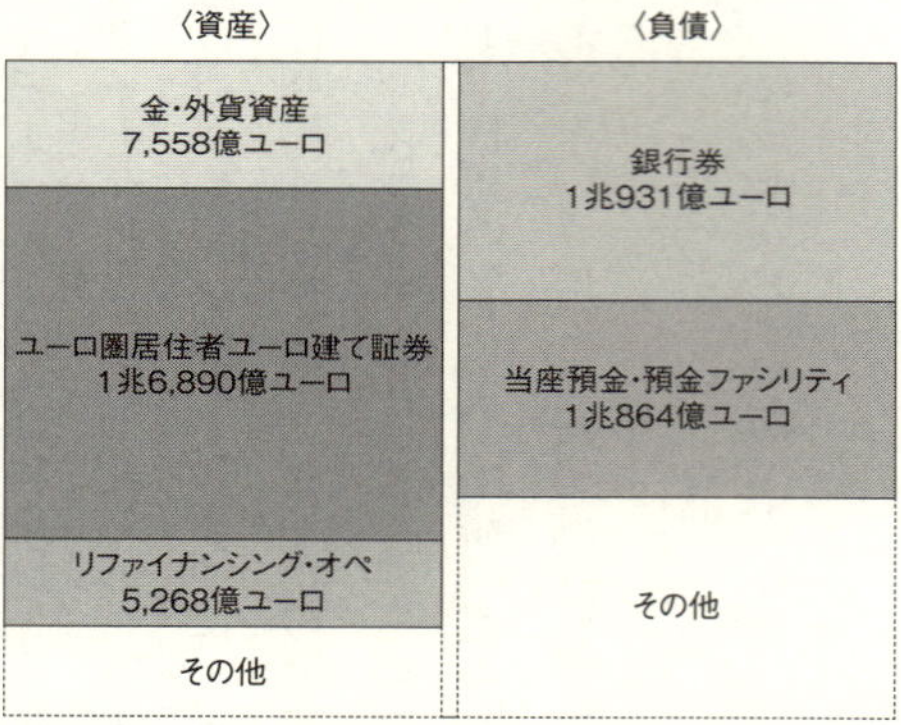

（資料）ECB, Statistics Bulletinの計数を基に作成。

日銀の資産規模は二〇一七年末にはGDP比一〇〇パーセントを超える

二〇一六年九月、日銀は金融政策決定会合において、それまでの政策運営の「総括的検証」を行ったうえで、今度は、「長短金利操作付き量的・質的金融緩和」という政策を打ち出しました。目が回るような政策運営です。

これは、マイナス金利導入以降に強く指摘された、金融機関の収益、ひいては金融仲介機能への悪影響を軽減するため、期間一〇年の金利を金融政策運営の操作目標としてゼロパーセントに設定し、それより短い期間の金利はマイナス状態に、それより長い期間の金利はプラスになることを容認して、民間金融機関がこの「長い期間の金利」を活用して健全な業務運営を遂行できる余地を確保しようとしたもののようです。日銀はこれを「イールドカーブ・コントロール」と称しています。

同時に、QQEの導入当初、「二年で二パーセント」としていた物価目標の達成期限は事実上、撤廃され、国債の買い入れペースについても、年間八〇兆円という目途は示しつつも、実際には柔軟に運営することが可能な枠組みに修正されました。二〇一六年一月から、「七～一二年」に長期化されていた買い入れ国債の平均残存期間の定めは、九カ月経過後にして廃止されたほか、国債の買い入れの際、利回りに下限を設けて入札を行う（＝過度な高値での買い入れは回避する）ことになりました。このように決定内容の細部をみれば、今後の実際の運用次第では、日銀の今後の財務の悪化ペースを多少は減速させられなくはない仕掛けが盛り込まれたようにもみえなくはありません。また、市場では、こうした政策運営の方向性を「隠れた資産買い入れの減額」[*8]とみる向きもあるようです。ただし、日銀が発表した二〇一六年一〇月の国債買い入れ計画は、年間ベースに引き直せば、「年約八〇兆」をわずか二兆円程度落とすものに過ぎない模様です。Ｆｅｄが二〇一四年一月から資産買い入れの減額、いわゆる〝テーパリング〟を開始し、従前の月八五〇億ドルでの買い入れを、断続的ながら月一〇〇億ドルペースで減額していき、同年一〇月にはついに買い入れを停止したときの取り組みとは、まだ相当な落差がありそうです。

しかしながら、先行きに向けた日銀の金融政策運営の姿勢に大きな変化はない様子が、日銀から公表された図表５－10に典型的に表れています。これは前掲の図表３－９で示したものと同じものです。日銀の資産規模だけが突出して伸び続ける一方、他の中央銀行の

図表5-10　日銀が示した、マネタリーベース対名目GDP比の見通し

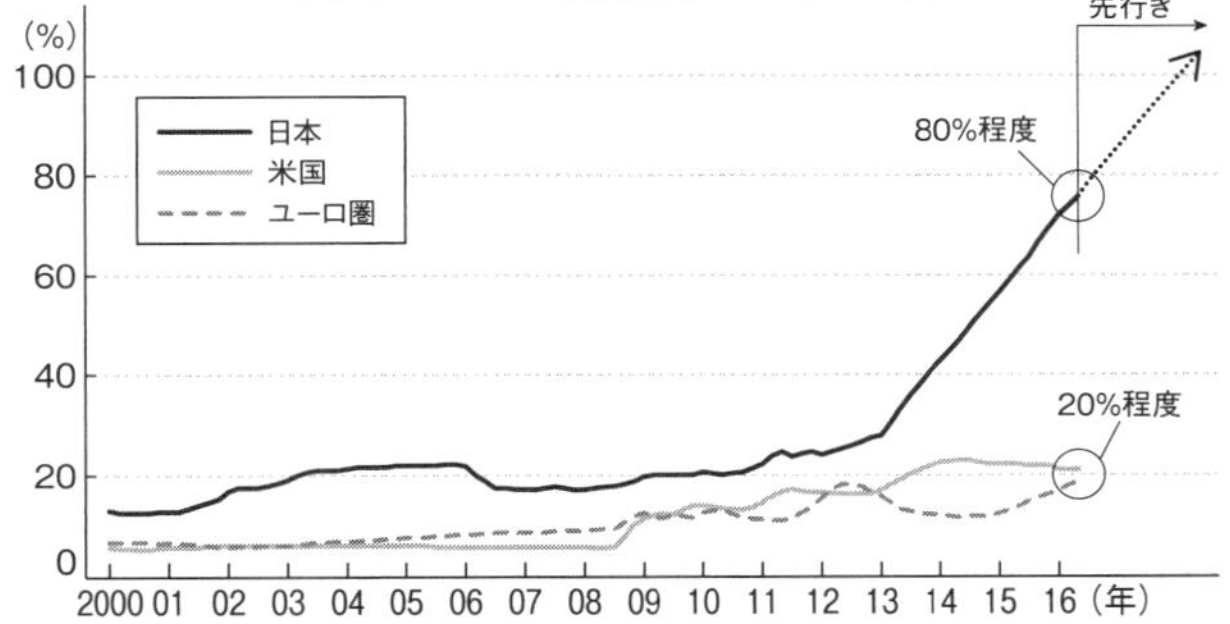

（資料）日本銀行『目で見る金融緩和の「総括的な検証」と「長短金利操作付き量的・質的金融緩和」』2016年9月21日。

資産規模は、おおむね名目GDP比二〇パーセント程度に収まるように抑制されています。すでに述べてきたように、これはどの中央銀行も自らの財務運営に過度の悪影響が及んで、先行きの金融政策運営のコントローラビリティを損なうようなことのないようにするため、超過準備が余りにも増えすぎて、結果的に中央銀行としての資産規模が拡大しすぎないように努めてきた成果にほかなりません。

にもかかわらず、今後も自らの資産規模を増やし続け、二〇一七年末頃には名目GDP比で一〇〇パーセントを超えるであろうなどという見通しを示しながらも、先行きの正常化に向けての考え方や見通しを一切示していないのが日銀です。私には、これはまさに、日本経済、財政にとっての「恐怖のチャート」に見えてしまいます。

ＱＱＥに「マイナス金利」をつけたり、今度は「イールドカーブ・コントロール」に切り替えたからといって、日銀がこれまで三年半の間、猛烈な勢いで買い入れ続けてきた巨額の国債などが突然、超過準備と一緒に霧消してくれるわけではありません。日銀は今でも国債などの巨額の買い入れを続けており、こうしている間も、日銀が、ひいてはこの国が将来に向かって抱える恐ろしいリスクは、日々さらに膨張し続けているのです。そして、現執行部の五年の任期が二〇一八年三月に満了して、仮に新しい別の総裁が就任したとしても、この巨額の国債などと超過準備を抱えたまま苦難の金融政策運営を行っていかざるを得なくなるのです。

本気で「長期戦を視野に入れた」政策運営に転換するのであれば、日銀自身の財務運営の問題や、政府の財政運営との兼ね合いや財政運営への影響の問題は、決して避けて通れないはずなのに、日銀は今回の総括で、この問題には完全に蓋をしてしまいました。[*9] これで、中央銀行として「持ちこたえる」ことができるのか、この国は大丈夫なのか、本当に心配になってきてしまいます。

註

＊１　Ｆｅｄが金融政策オペレーションを実施するために保有する勘定で、ニューヨーク連銀が一元的に管理し、オペを実施しています。

＊２　正確には、この日銀公表の加重平均利回りの計数には、国債をマイナス金利（額面を上回る、オーナーパーの状態）で買い入れた際に日銀が被らざるを得なくなる損失を、満期までの残存期間で均等分した償却損が含まれています。このため、そうした償却損を除いた、国債等の加重平均の粗利回りは、もう少し高くなるものとみられますが、それでも一パーセントを超えるようなことはない、なお低い水準にとどまるものとみられます。

＊３　ちなみに、この講演会の出席者によれば、この「七兆円」という計数は、二〇一七年度に物価二％の目標を達成という仮定のもとで、木内審議委員から示されたそうです。その時点で想定される当座預金の規模は約四〇〇兆円、物価上昇率見合いで当座預金の付利を二％に引き上げれば、日銀の付利負担は年八兆円、これに対して、その時点で日銀保有の国債に政府から支払われる利子年

一兆円を差し引いても、年七兆円の損失を日銀は被ることになる、というのがその試算の内容であった由です。

＊4 日銀が二〇一六年一〇月三日に、風間直樹参議院議員宛てに開示した資料によれば、二〇一六年八月末時点での、日銀が保有する利付国債の加重平均残存年数は七・三年。

＊5 河村小百合「「出口」局面に向けての非伝統的金融政策運営をめぐる課題」『JRIレビュー』日本総合研究所、二〇一五年七月、参照。

＊6 例えば、二〇一五年一〇月三〇日の金融政策決定会合後の記者会見において、黒田総裁は、「出口に向かうときには、バランス・シートの毀損が考えられ、それにより日銀の信認が傷つくことについて、どの程度の懸念を持っているか」という問いに対し、次のように述べています。

バランスシートの問題については、どこの国でも量的緩和を進める過程では、バランスシートが膨張して中央銀行の収益が増加し、バランスシートを縮小する過程で収益が減少するため、中央銀行の収益が振れることは事実です。当然、日本銀行も中央銀行として資本の基盤というものは十分考えながら金融政策を行っているわけですが、「量的・質的金融緩和」から出口に差し掛かった際に収益が減るとか、あるいは赤字になる、そういうことがあり得るので金融緩和をしない、二%の「物価安定の目標」は達成しなくてもいい、とは思っていません。資本基盤は十分考慮しつつ、二%の「物価安定の目標」を達成しなければならないと思っています。

＊7 『政策委員会金融政策決定会合議事要旨』（一四ページ）

この間、別の一人の委員は、金融緩和の限界、副作用という考えを否定することが必要であると述べた。……金融緩和の出口局面で、金利の上昇により日本銀行の収益がマイナスになることが金融緩和の制約になるという議論について、日本銀行のバランスシートの拡大局面では日本銀行の収益は拡大していること、金利の上昇は長期的には日本銀行の収益増加要因になることを指摘した。

＊8　"stealth tapering"

＊9　二〇一六年九月二一日の金融政策決定会合で日銀が決定した『「量的・質的金融緩和」導入以降の経済・物価動向と政策効果についての総括的な検証』に関しては、佐藤審議委員と木内審議委員の二名が反対しています。このうち、木内審議委員は「日本銀行の財務リスクの高まりが検証されていないこと」を反対の理由の一つに挙げています。

第六章　財政破綻のリアルⅠ――欧州債務危機の経験から

きっかけはギリシャの財政指標の粉飾

ここからは、国家が財政破綻したら、その国や国民はどのような事態に直面するのかを、実際の事例に即してみていきたいと思います。

最初にまず本章で、二〇〇八年のリーマン・ショックに続き、二〇〇九年秋頃から始まった欧州債務危機での経験をみていきます。これは、緊迫した状態が二〇一三年頃まで継続した長丁場のものでした。その後も、二〇一五年夏にギリシャが再度、危機の一歩手前の状態に陥るなど、今でもその火種は完全に消えたとはいえません。

欧州債務危機は、①ユーロ圏各国の国債は、その多くを基本的に民間の金融機関や投資家が保有しており、②欧州以外の国々も含めた各国の金融機関が相互にユーロ圏各国の国債を保有し、ユーロ圏各国にしてみれば外国勢による国債保有の割合が高い、という構造のもとで起こったものです。ユーロ圏各国の対外的な資本移動はもちろん自由な状態にありますから、[*1]第二章でみた財政破綻のパターンに即してみれば、このように市場主義経済のメカニズム[*2]が健全に発揮されているもとで主として「対外債務調整」が行われたケース

図表6-1　2010〜11年の欧州各国の10年国債金利と債務危機情勢の推移

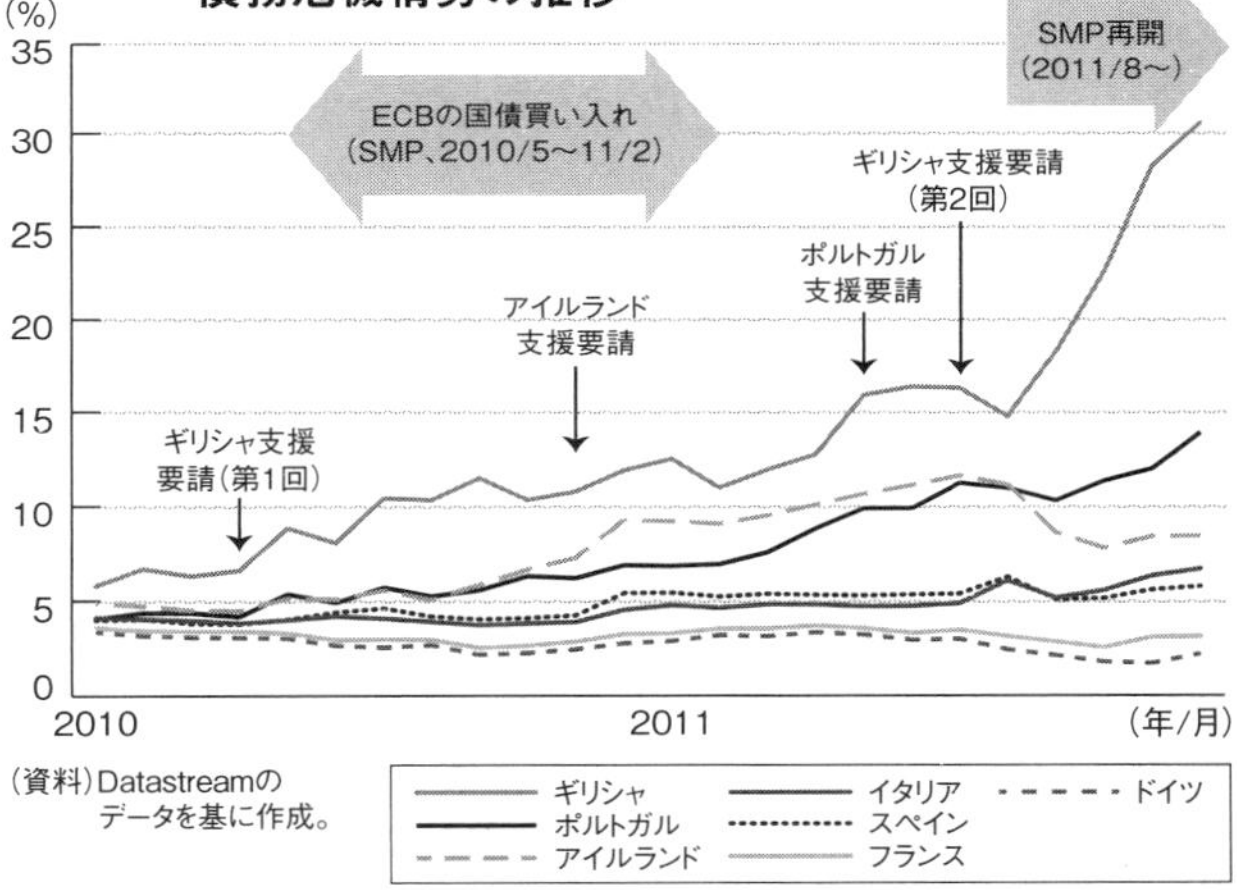

(資料)Datastreamのデータを基に作成。

に相当します。

　欧州債務危機の最初のきっかけは、世界的な金融危機の緊張のピークを乗り越えつつあった二〇〇九年一一月、同年一〇月の総選挙で政権交代し発足したギリシャのパパンドレウ新政権が公表した財政収支の計数[3]が、前政権が公表していたものを大幅に下方改訂する結果となり、前政権が財政指標を粉飾していたことが明るみに出たことによります。

　EUではユーロに加盟しようとする国は、財政運営指標の厳しい条件[4]を満たすことを原則として求められます。二〇一〇年二月には、欧米の複数の有力メディ

（億ユーロ）

ユーロ圏			EU EFSM	IMF	2国間			備考
	EFSF	ESM			イギリス	デンマーク	スウェーデン	
529				201	–	–	–	
	1336			83.3	–	–	–	
		860			–	–	–	
2725				284	–	–	–	
	177		225	225	38	4	6	アイルランド自身が175億ユーロを拠出
	260		260	260	–	–	–	
		90		10	–	–	–	

Financial Asistance to Greece","Timeline: The Evolution of EU Economic Governance in Histrical Context",
注）2016年10月時点では、IMFはギリシャの第三次支援には加わっておらず、今後も加わらないと見込まれる模様。

アが、ギリシャが二〇〇一年にユーロ圏入りを果たした際にも財政指標を粉飾していた疑惑があると報じました[*5]。その結果、ギリシャの財政運営に対する市場の懸念は、さらに増幅され、直後の四月には、市場金利の上昇により、早くも自力での財政運営の継続が難しくなり、EU等に支援要請をする事態になってしまったのです（前ページ図表6－1）。

ユーロ圏には、ギリシャ以外にも経済や財政運営に様々な弱点を抱えた国が存在し、このような市場の動揺は、あっという間にユーロ圏内の他国へも広がっていきました。自力での財政運営の継続が困難となった国を時系列でみると、二〇一〇年四月にギリシャ、同一一月にアイルランド、二〇一一年四月にポルトガル、同六月には再度ギリシャが、そして二〇一三年三月に

図表6-2　財政危機国に対する支援の主体と拠出金額の内訳

国名	融資実行開始時点			融資期間（年）	融資総額
	年	月			
ギリシャ	2010	5	（第一次）		730
	2012	3	（第二次）		1419
	2015	8	（第三次）		860
			（小計）		3009
アイルランド【2013/12支援から脱却】	2011	1		平均7.5	850
ポルトガル【2014/5支援から脱却】	2011	6		平均7.5	780
キプロス	2013	4		3	100

（資料）European Commission Directorate-General for Economic and Financial Affairs, Occasional Papers各 EFSF ESM, European Financial Stability Facility & European Stability Mechanism, August 2014を基に作成

はキプロスの四カ国（危機の回数としてはのべ五回）が、市場金利の上昇などにより、国債の円滑な発行による財政運営の継続が困難となり、EU等に対して支援要請をせざるを得ない事態に追い込まれ[*6]、実際にEU、もしくはユーロ圏に加え、IMFからも支援を受ける結果となったのです（図表6－2）。

こうした多くの支援にもかかわらず、ギリシャの財政は持ちこたえられず、二〇一二年中には、二度にわたり事実上の財政破綻をせざるを得なくなりました。これは、第二次大戦後の先進国としては初のデフォルト事例となってしまったのです[*7]。しかしながら、ギリシャの場合はそれでもなお持ちこたえることができず、二〇一五年にも再三の支援を受けるに至りました。

これらの国々が財政危機に陥った契機は様々です。

ギリシャについては前述のとおり、財政指標の粉飾や放漫な財政運営が明るみに出たこと、アイルランドはリーマン・ショックを契機とする不動産バブルの崩壊で銀行危機に至り、問題行への資本注入等のコストが嵩んで財政収支が短期間で急激に悪化したこと、ポルトガルは元来、経済基盤が弱かったところへ、リーマン・ショックやギリシャ危機の影響で経済情勢が一段と悪化したこと、キプロスはかねてよりギリシャとの経済的なつながりが強かったせいで、銀行部門が多額のギリシャ国債を保有していたため危機に陥り、それを同国財政としても支え切れなくなったことから危機に陥ったのです。

財政規律の弛緩を招いたECBの証券市場プログラム

こうした債務危機のなかで、ECBは当初、どのように対処していったのでしょうか。ギリシャ問題の発覚以降、欧州の国債流通市場では、ギリシャ国債に限らず、それ以外の国々の国債も含めて取引が極端に細る、いわば「機能不全」状態に追い込まれていきました。どこの国債がいつ何時、債務不履行となるかもしれず、市場は疑心暗鬼状態に陥ったのです。ただし、ECBはその設立根拠となる条約上[*8]、マネタリー・ファイナンス[*9]は、その迂回《うかい》行為も含めて厳に禁止されており、許容されるのはあくまで金融政策運営上必要な流通市場からの国債買い入れのみ、とされています。

そこでＥＣＢは、欧州の国債市場のこのような機能不全状態によって、金融政策の効果がうまく市場に伝わらなくなっている、との判断のもと、二〇一〇年五月一〇日に、証券市場プログラム（ＳＭＰ：Securities Markets Programs）の導入を決め、あくまで金融政策の一環として、名目上はユーロ圏の公共債と民間債を買い入れるプログラムを開始したのです（図表６－１）。当時、ＥＣＢはフランス出身のトリシェ総裁の時代でした。

プログラム実施のさなかには、ＥＣＢがどのような債券を買い入れていたのかは公表されませんでしたが、本プログラムの終了後の二〇一三年に公表されたデータによれば、買い入れられたのはもっぱら重債務国の国債ばかりでした。また当時、危機対応として行っていたＥＣＢの資金供給の内容をみれば（前掲図表４－３）、ＳＭＰの規模は他の手段による資金供給には及ばず、限定的なものにとどまりましたが、それでも、重債務国の国債の市場金利の上昇を抑えるうえでは、一定の効果があったものとみられています（図表６－１）。

ただし、ユーロシステム（ＥＣＢと加盟各国中銀で構成される、ＥＵの中央銀行の総称）のなかでは、このような政策には異論も根強くありました。実態として、条約がマネタリー・ファイナンスを禁じた精神に反しないのか、中央銀行の政府からの独立性が脅かされることはないのか、このようなオペレーションの結果として、危機に瀕《ひん》している国々の財政再建に取り組む姿勢が緩んでしまうことはないのか、といった声もそれなりに根強かったのです。

ドイツの反発

そして、次第にユーロシステム内における深刻な意見対立が表面化しました。当時、欧州中央銀行の政策委員会のメンバーでもあったドイツ連銀のウェーバー総裁は、二〇一二年四月までの任期を残し、当時のトリシェ欧州中央銀行総裁（二〇一一年一〇月で任期満了）の後任の有力な候補とみられていました。しかしながらウェーバー独連銀総裁は二〇一一年二月、「個人的事情」を理由に任期途中の二〇一一年四月末で総裁を辞任すると発表し、メルケル首相をはじめとするドイツ政府の慰留も振り切り、有力視されていた次期欧州中央銀行総裁の座も投げ打つ形で、民間に転出してしまったのです。その背景には、このSMP実施をめぐる意見対立があったものとみられています。

そしてその後、ウェーバー氏の懸念が当たったというべきなのでしょうか、欧州債務危機は収まるどころか、危機の火の手はさらに強まることになってしまいました。二〇一一年の上半期頃までは、市場の標的とされたのはギリシャ、アイルランド、ポルトガルといういわばユーロ圏内の「周縁国」が中心であったのに対し、二〇一一年夏には、危機の火の手がついにイタリアやスペインといった大国、EUの中核国にまで及ぶこととなってしまったのです。

SMPは二〇一一年二月に一度、停止されていましたが、こうした事態を受け、同年八月に緊急開催を含む二度の政策委員会を経て、SMPによる国債の買い入れは再開されました。しかしながら、政策委員会の決定には、ドイツ出身のシュタルクECB専務理事と辞任したウェーバー前総裁の後任、ワイトマン・ドイツ連銀総裁を含む、複数の中央銀行総裁が反対票を投じたとみられています。国債買い入れをめぐるユーロシステム内部の意見対立は一層深刻な事態となりました。そしてこれに続く九月、シュタルク専務理事も

「個人的な事情」を理由に、二〇一一年末で辞任すると発表したのです。ウェーバー前ドイツ連銀総裁の辞任の際と同様の意見対立の問題が背景にあった模様です。

危機のさなかの二〇一一年一一月、トリシェ総裁の後任として、現在のドラギ総裁（イタリア出身）が就任しました。この頃、ユーロ圏の大国を含む重債務国は、その後のギリシャの財政破綻の事例を除けば、この債務危機のなかで「最も厳しい局面」を迎えることになったのです。

短期国債金利の異常な上昇

当時、ギリシャとポルトガルが直面した国債の年限別の市場金利の上昇の様子をみたものが、図表6－3、4です。通常、国債の金利は、短期は低く、長期になればなるほど高くなる、という「右肩上がり」の形状で描かれるように形成されますが、当時はむしろ短期金利の方が長期金利よりも高い、しかもその金利水準が飛び抜けて高いという、異例の形状で市場金利が形成されている様子がみてとれます。要するに、市場ではこれらの国々が向こう数年内に財政破綻する確率が高いと見込み、その頃に該当する二年や三年といっ

図表6-3　2011年10月〜13年2月のギリシャ国債のイールドカーブの変化

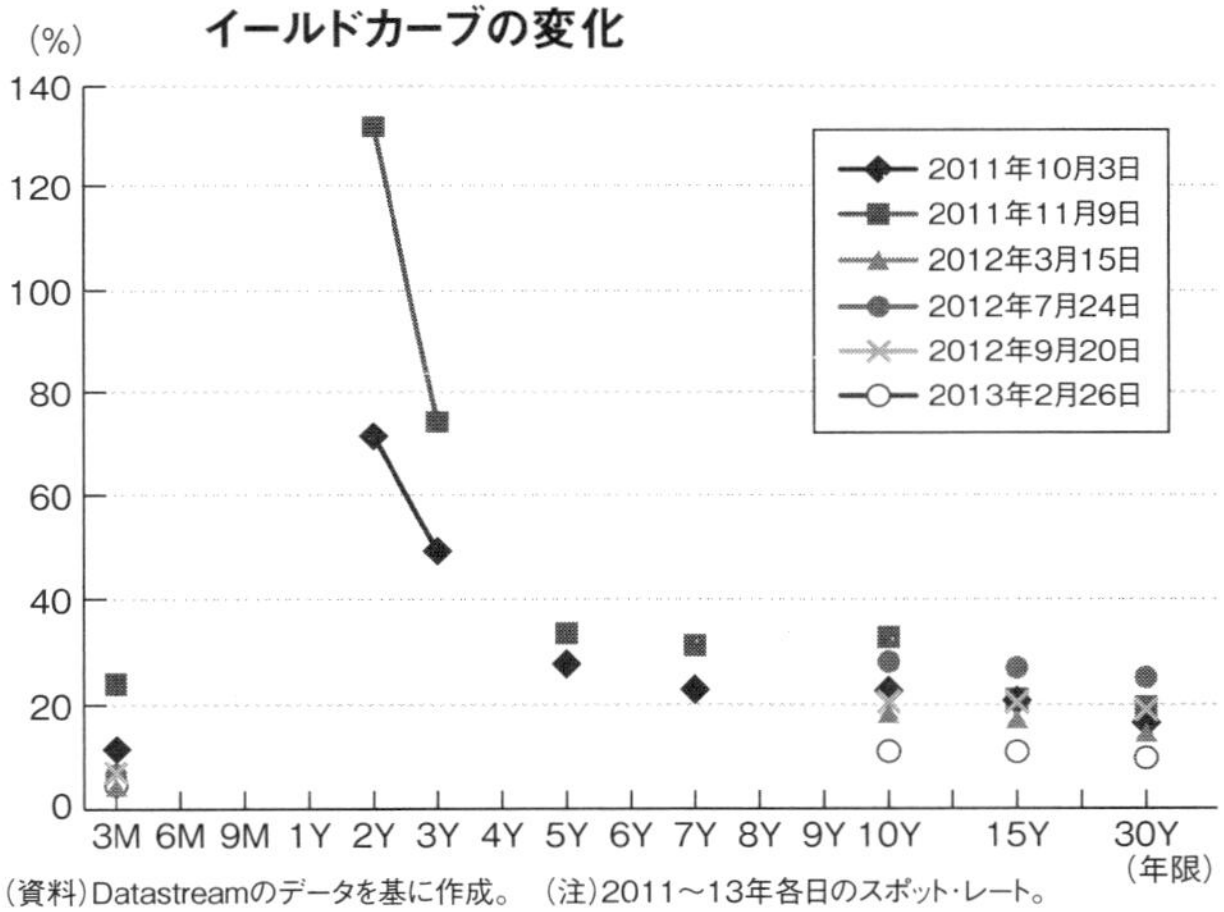

（資料）Datastreamのデータを基に作成。　（注）2011〜13年各日のスポット・レート。

た比較的短めの年限の国債に、異常に高い金利を要求するようになっていたのです。

これでは各国政府はたまったものではありません。財政運営を続けていくうえで、必要な額の国債を発行して、市場からお金を借り続けられることが必須の条件です。しかし、このような市場の状況では、一年とか二年の短期のつなぎでもよいから何とか国債の発行を、と考えても、とてもそれができなくなってしまったのです。実際には、後述するようなＥＣＢの政策対応によって、それは国債の買い入れとは別のやり方をとるものでしたが、その後、こうした各国国債の市場金利の異常な状態は、徐々

図表6-4　2011年10月～13年2月のポルトガル国債のイールドカーブの変化

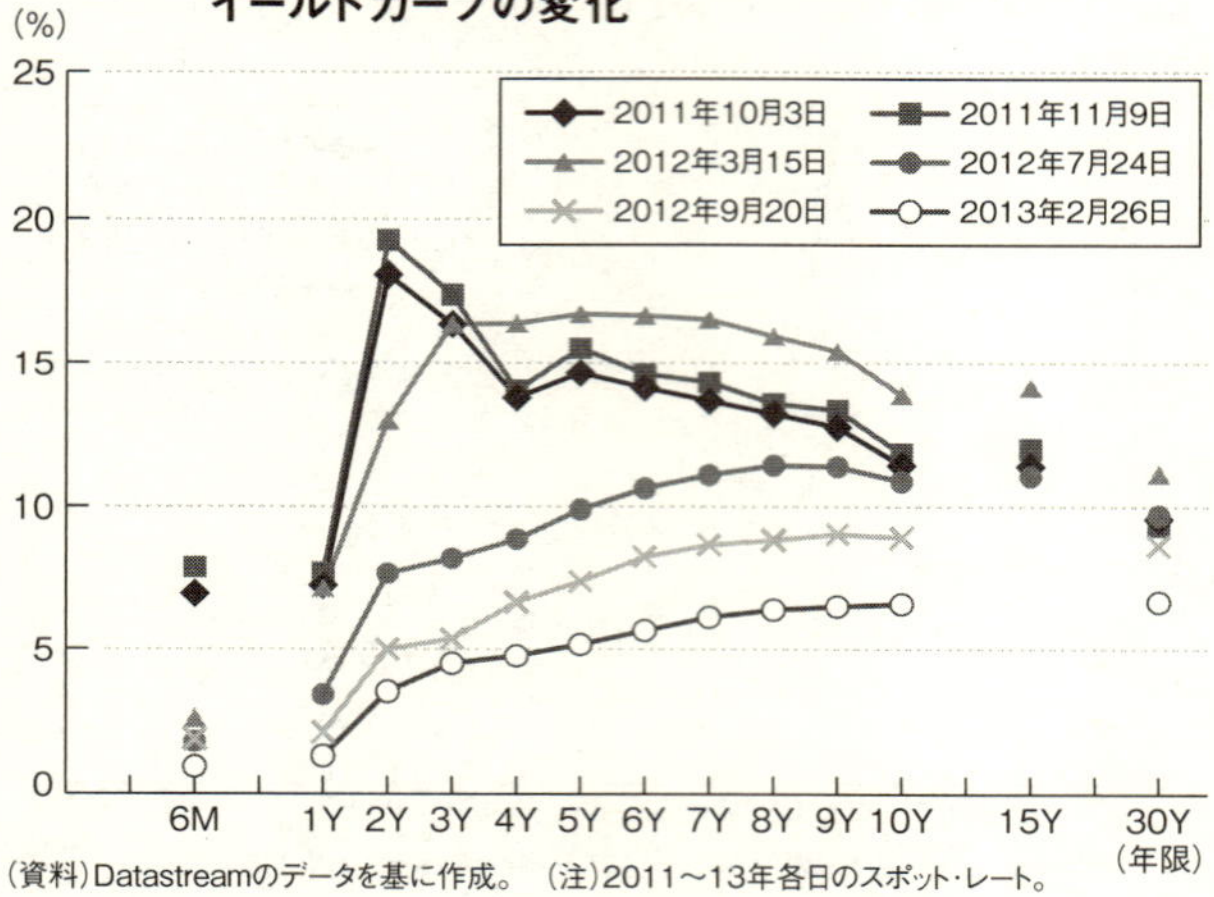

（資料）Datastreamのデータを基に作成。　（注）2011～13年各日のスポット・レート。

に解消されていくことになりました。

ただし、それはあくまで結果論であって、ギリシャのみならずイタリア等も含む重債務国の財政当局の立場からすれば、現在進行形の危機のただ中にあった当時は、このような異常な市場金利の状態がいつまで続くのかわからない状況だったのです。国債を短期の年限で発行しようにも、市場金利が短期も含めて異常に高く、果たして消化されるか見通しが全く立たない、そもそも、いつまで自力での財政運営が継続できるのかも全く定かではないという、まさに「生きた心地がしない」状況に置かれていたであろうことは、想像に難くありません。

世論全体として、中央銀行が政府から独立性を確保する必要性に関して比較的理解があり、意識の高い欧州においてでさえも、このときばかりは当局者等からECBに助けを求める発言、悲痛な叫びが聞かれました。また、イタリアが緊急の事態に陥った場合に備えIMFと予備協議を行っているなどの報道もみられていたのです。

ドラギ新総裁の用いた異例の手法

そうしたなか、ドラギ新総裁が率いる欧州中央銀行は、SMPによる国債の買い入れを強化するどころか、停止してしまいました。そして、新たな枠組みによる政策運営で危機の収束を図ったのです。それは、従来から金融政策運営の一環としてユーロ圏の民間銀行に対して行っていた資金供給（前掲図表4‐3の「リファイナンシング・オペ」）を、異例の手法も用いて強化し、従来ではおよそ考えられなかった三年物という長期の資金供給まで導入して、巨額の資金を民間銀行に供給していったのです。わが国と同様、欧州においても民間銀行は多額の各国国債を保有しており、当時はそれが危機で値下がりしたために各民間銀行の経営の先行きも危ぶまれる状態に陥っていました。「国家財政の債務危機」

と「銀行危機」とが、まさに「負の両輪」として相互に作用し合ってしまう、危機的な状況に陥っていたのです。

結局、ＥＣＢは自ら国債を買い入れるのではなく、民間銀行に巨額の流動性を供給することによって、民間銀行がすでに保有している各国債を売らずに済み、保有し続けられるようにする、というやり方で、各国の財政運営を間接的に支援する政策運営を行ったのでした。このような判断の背景には、危機の初期に実行したＳＭＰが、結果的に各国の財政規律を緩めてしまい、危機のさらなる悪化につながってしまった、という反省があったものとみられます。ＥＣＢの政策運営が奏功したこともあり、二〇一二年に入り、ギリシャ以外の国々を取り巻く情勢の緊張は次第に緩和していきました。しかしこれは、ＥＣＢの政策運営のみによるものではなく、重債務国各国が危機感を強めて、財政緊縮・財政再建に本腰で取り組んだことも大きく作用したものとみられます（前掲図表３－５、６）。しかしながらその結果、欧州の重債務国の実体経済をみると、景気は落ち込み、失業率は上昇し、相当な悪影響が及んだのです（図表６－５、６）。

図表6-5　ギリシャの経済成長率と失業率の推移

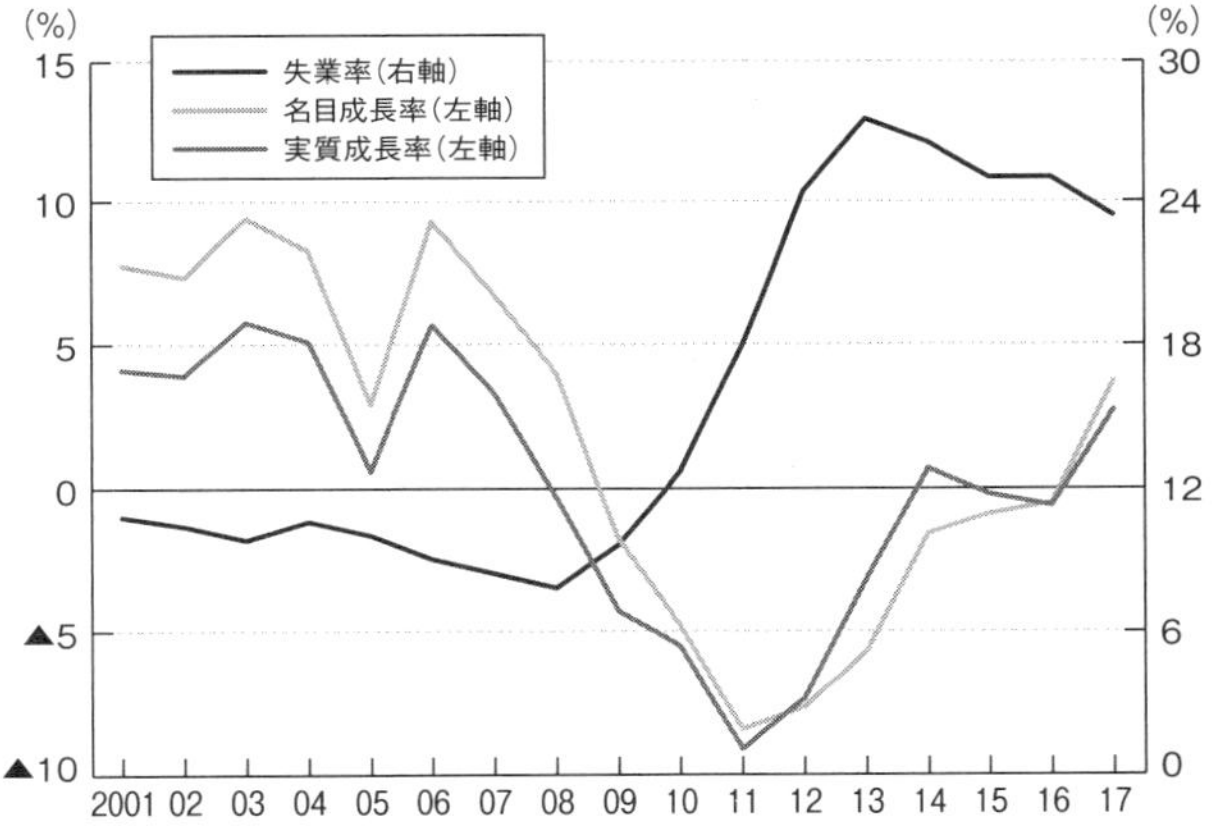

(資料)IMF, World Economic Outlook Database, April 2016を基に作成。
(注)経済成長率は2015年以降、それ以外の指標は2014年以降はIMFによる見通し。

戦後初めての先進国の国債の債務不履行

　他方、こうした動きとは裏腹に、ギリシャ情勢は、二〇一二年に入り、緊迫の度合いを強めることになりました。二〇一一年一〇月のユーロ圏首脳会議では、ギリシャの財政運営が二度の支援を経ても立ち直れる見込みがないと判断され、「債務の五〇パーセント減免」、すなわちギリシャ国債を保有していた民間金融機関に対して借金の棒引きをさせてもらうことが決まっていました。それが二〇一二年に入って実行に移されたのです。

　これは、先進国としては戦後初めての国債の債務不履行、デフォルトの事例となり

図表6-6　ポルトガルの経済成長率と失業率の推移

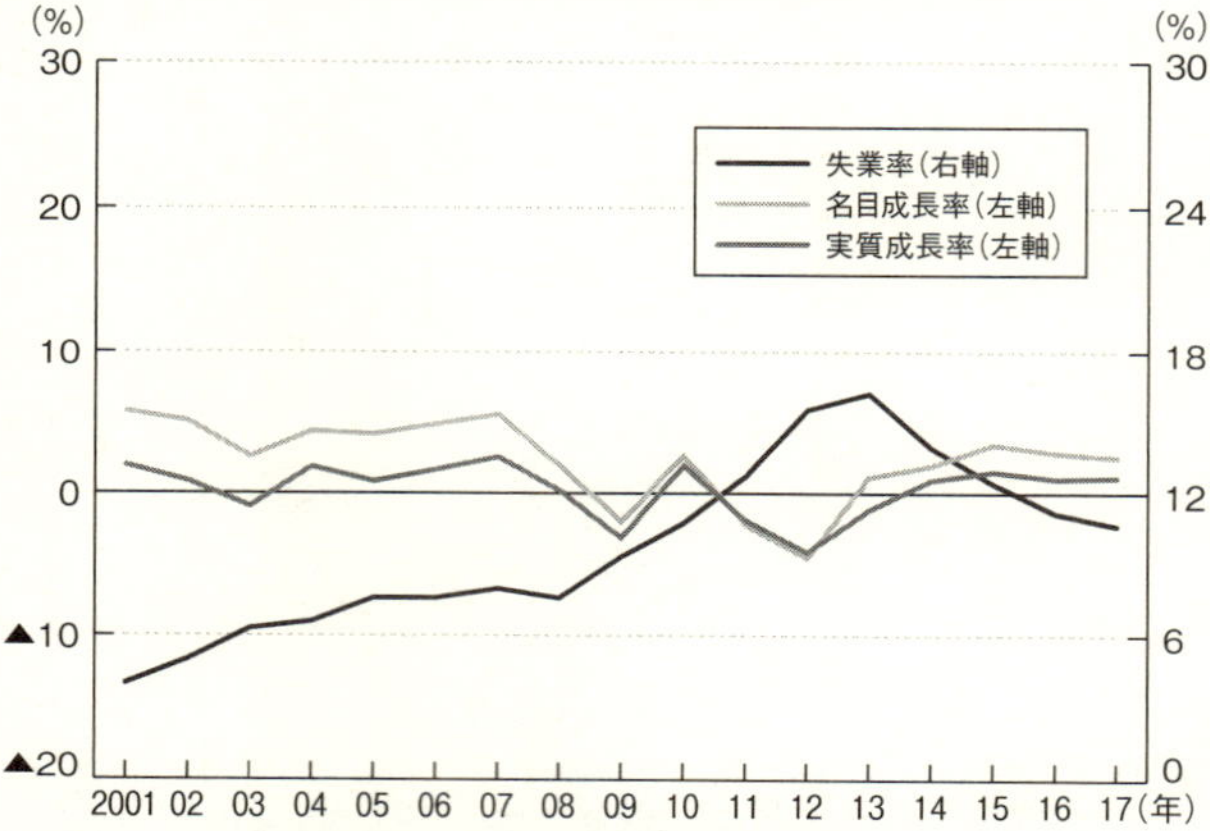

（資料）IMF, World Economic Outlook Database, October 2016を基に作成。
（注）経済成長率は2015年以降、それ以外の指標は2014年以降はIMFによる見通し。

ます。国際金融市場への影響をできるだけ抑えようとの配慮から、実際にはギリシャが突然、国債の債務不履行を宣言して「バンザイ」するのではなく、あらかじめギリシャ国債の債権者団とギリシャ政府当局が交渉し、債権者団側が自発的に債権放棄する、という形がとられました。二月にはその交渉がまとまり、ギリシャは外国の金融機関に、実に元本の五三・五パーセントを放棄してもらえることになったのです。

実際には、旧国債と交換する形で、元本をそれだけ減らした新国債を外国勢に引き受けてもらうというものでした。ただし、ギリシャ側にとってもその代償は大きく、国内でも当然、応分の負担をすることを債権者団側にのまされ、大幅な増税・歳出カットが実施されることになり、社会的な混乱がさらに広がりました。また、「トロイカ」と呼ばれるユーロ圏、ECB、IMFの三者で構成される代表団がアテネに常駐し、日々の財政運営まで事細かに完全な監視下に置かれることになったのです。

そのため二〇一二年五月に実施された総選挙では、ギリシャ国民の不満が噴出しました。それまで財政緊縮路線を堅持し、ユーロ圏各国やIMFの支援をとりつけてきた与党側が大敗、財政再建反対・ユーロ圏離脱推進派が躍進し、ギリシャのユーロ圏脱退が取り沙汰される事態となってしまったのです。ただし新政権の樹立までには至らず、六月に再選挙が実施されました。蓋を開ければ、財政緊縮派の勝利で、ギリシャはこの時点ではユーロ圏にとどまることになりました。しかしながら、総選挙でこのような民意が明らかになったことから、ギリシャがその後、どこまで身を切る改革をさせられるのかは、なかなかまとまりませんでした。

SMPの反省から生まれた新たな枠組み

他方、この頃、同時に、欧州債務危機に端を発するスペインの銀行危機もヤマ場を迎えていました。七月、ユーロ圏はスペインの銀行部門向けに、最大で一〇〇〇億ユーロの規模で支援を行うことを決定しましたが、スペイン自身は安易に支援を受けることは嫌い、実際の支援申請・実行は年末まで持ち越されてしまいました。

ギリシャ自らの財政緊縮断行を含む最終的な債務調整はなかなかまとまらず、スペイン問題もあり、ユーロ崩壊の疑念も市場にくすぶり続けるなか、二〇一二年の夏は不安定な状態が継続することになりました。そうしたなか、ドラギ総裁は七月二六日の、ロンドンのカンファレンスでのスピーチで、「我々のマンデート（職務権限）のなかで、ECBはユーロを守るためにやれることは何でもする」と発言します。これに続く九月の政策委員会では、新たに短・中期国債の買い切りオペ（OMT。図表6－7）の枠組みを設けることを決定したのです。

これは、債務危機に陥った加盟国が申請すれば、ECBがその国の短期・中期国債を無制限に買い入れて支える、というものです。ただし、厳格な条件付きでした。問題国は、まずユーロ圏が債務危機に対処するために設立した機関である「欧州安定メカニズム（ESM）」[*10]に支援の申請をしなければならず、換言すればユーロ圏が要求する厳しいレベルの財政再建を、自ら身を切る形で実行しない限り、ECBに短・中期国債を無制限に買い入れてもらうことはできない、というものだったのです。

ユーロ圏の他の国々は、それまでに実際に支援融資を受けるに至ったギリシャやアイルランド、ポルトガルに対して、ユーロ圏がどれほど厳しい財政再建策、自ら血を流す改革の実行を要求していたのかを目の当たりにしていましたから、これまでのところ、このプログラムの適用を申請した国は一つもありません。しかしながら、危機のさらなる増幅の可能性を鎮めるうえで、このプログラムがアナウンスされたことは大きな威力を発揮し、市場の安定に大きな効果をもたらしたとみられています（図表6－8）。

その後、二〇一二年末には、ギリシャは再度の債務調整を経て、財政再建策がまとまり、厳しい財政緊縮が続けられることになりました。同国の経済状況の推移をみると（図表6－5）、二〇〇九年以降、五年間にわたり大幅なマイナス成長となり、失業率二〇パーセ

図表6-7 ECBによる「短・中期国債買い切りオペ (Outright Monetary Transactions)」の概要 (2012年9月6日政策委員会決定)

条件	対象国がEFSF/ESMプログラムの適用を申請し、それに従って財政再建策を実行すること。
対象	1～3年満期の国債。イールド・カーブの短めの部分が対象。
資金供給額の上限	設定はなし。
債権者の扱い	短・中期国債を買い入れるユーロシステムの地位は、当該国に対する他の債権者と同等(pari passu)。
不胎化	本オペによって創出される流動性は、完全に不胎化される。
透明性	本オペによる保有残高およびその市場価値は、週次で公表。デュレーション、および国別の内訳は、月次で公表。
証券市場プログラム (Secirities Market Programme)	本オペ導入の決定に伴い、終了。SMPによって供給された流動性は、従来同様吸収され、SMPポートフォリオにおいて保有される証券は、満期まで保有される。

(資料)ECB, Press Release, 6 September 2012 - Technical Features of Outright Monetary Transactionsを基に作成。

ントを超える状態が続いています。財政危機に瀕して「対外債務調整」という手段をとったとはいえ、国内でも相当に厳しい財政破綻の負担を余儀なくされたギリシャにとって、それがどれほど重いものであったのかは、同国の経済状況のこのような推移がまざまざと物語っています。

欧州では、二〇一二年末に、スペインが銀行部門限定での支援をユーロ圏から受けたほか、二〇一三年三月にはキプロスもギリシャ問題の余波で危機に陥り、ユーロ圏から支援を受けました。その際には、預金の引き出し規制や資本移動規制も合わせて実施されています。

しかしながら欧州の金融市場はその後、次第

図表6-8　2012年以降の欧州各国の10年国債金利の推移

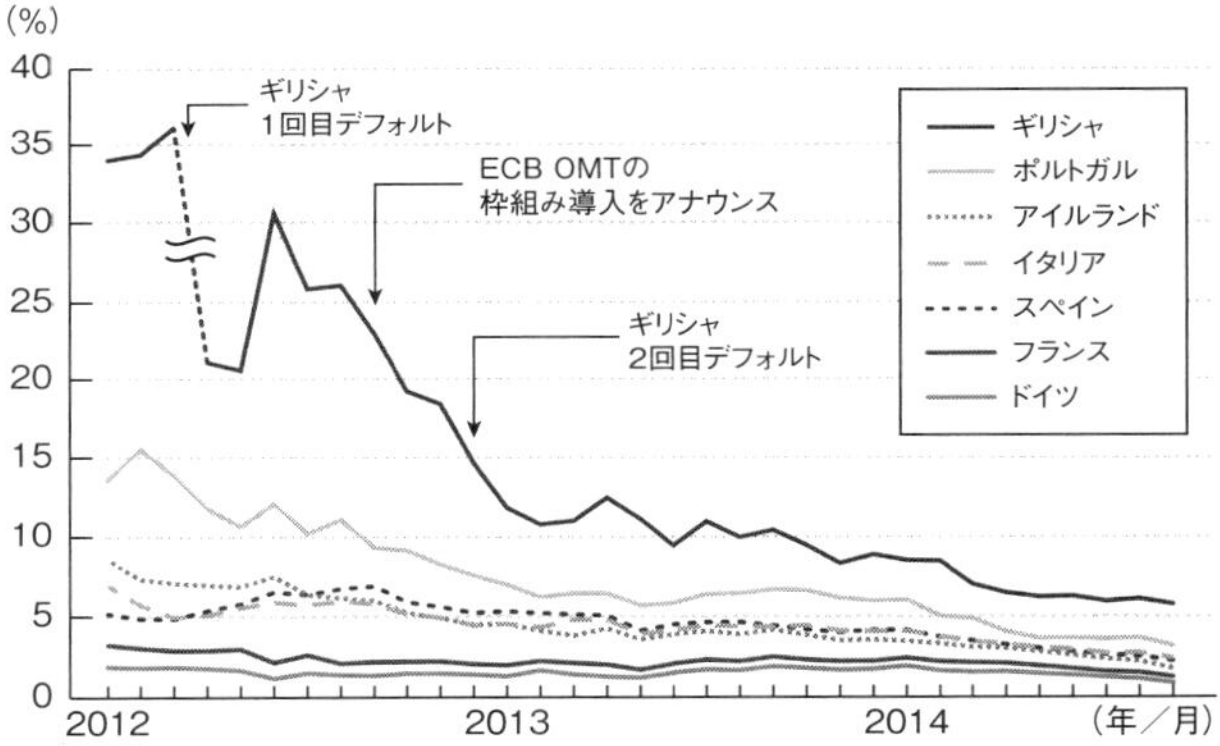

（資料）Datastreamのデータを基に作成。
（注）ギリシャの2012年3月までは旧国債の金利、
4月以降は1回目のデフォルトで交換発行された新国債の金利。

に落ち着きを取り戻して小康状態となり、二〇一三年一二月以降、アイルランド、スペイン、ポルトガルがそれぞれ、ユーロ圏やIMF等の支援から脱却しています。ただし、ギリシャの状況はなかなか好転せず、二〇一五年にもユーロ圏から離脱するかどうかが総選挙で問われる事態となりましたが、チプラス政権は結局、残留の道を選びました。国内でも厳しい財政緊縮の継続を強いられるとしても、やはり、ユーロ圏からの支援なしにはとても国としてやっていけない、との判断があったものとみられます。

実際、ギリシャ国債を保有していた外国

勢に借金の棒引きに応じてもらう手は、二〇一二年時点で使い果たしてしまっていたため、ギリシャも、この時点で、さらなる「国内債務調整」の段階に入らざるを得なくなりました。ギリシャ国民や企業には、財政緊縮策のさらなる強化に加え、厳しい預金の引き出し規制や資本移動規制がかけられたのです。そうした状況は、本書を執筆している二〇一六年秋の時点でも、規制は若干は緩和されつつも、なお継続されています。

欧州経済を救ったECBの「血も涙もない」対応

このように欧州の債務危機のこれまでの経験を振り返ると、財政危機の際に、中央銀行が果たすべき役割とは何か、ということについて、深く考えさせられます。

債務危機の緊張がピークに達したとき、ECBがとった対応は、「血も涙もない」ものでした。支援はしましたが、あくまで民間銀行経由にとどめ、危機の火の手が高く上がるさなかに、各国の国債を買い入れることは決してしなかったのです。ドラギ総裁が示した姿勢は、「危機の収束のために中央銀行がやれることは何でもする。ただし、各国が自ら身を切る、血を流すような改革をして、財政再建に取り組むのが先だ」というものです。

どの国だって、できれば財政再建など、やりたくはありません。国債につく金利が上がって、「お尻に火がつく」状況にならなければ、本腰を入れた財政再建など、なかなかできるものではないのです。

欧州では市場金利の急上昇を各国が実際に経験して、真剣に財政緊縮に取り組んだ結果、実体経済には間違いなく重い影響が及びました。それでも、ギリシャのような財政破綻の事態に追い込まれるよりははるかによいのではないか、という判断があったのでしょう。それだけの先を見通す力と胆力を、欧州の指導者たちと当局者たちは持ち合わせていた、だからこそ、欧州各国の経済運営は、低成長化という新たな問題を抱えつつではありますが、安定的に継続することが可能になっているのだと思われます。

註

＊1　ただし、債務危機の進展に伴い、一部の国（ギリシャ、キプロス）ではその後、この資本移動

の自由が規制される事態に陥りました。
*2　中央銀行が「財政ファイナンス」を行ったり、各国間の資本移動の自由が制限されたりしていない、という意味。
*3　パパンドレウ新政権が公表した、二〇〇九年の財政収支の名目GDP比は▲一二・五％。前政権時の計数は▲三・七％。
*4　財政収支の対名目GDP比は▲三％以内。政府債務残高の対名目GDP比は六〇％以内。
*5　二〇一〇年二月八日付の独誌「Der Spiegel」や、同二月一四日付以降の米紙「New York Times」、同二月一五日付以降の英紙「Financial Times」は、二〇〇一年当時、ギリシャ政府が資産証券化により政府債務をオフ・バランス化し、政府債務残高を実際よりも少なく見せかけようとする、いわば指標の「粉飾」「会計操作」が行われていたと報じました。
*6　正確には、ギリシャはEUとIMFに対して、アイルランドとポルトガルはEUに対して、キプロスはユーロ圏に対して支援要請を行いました。
*7　なお、その後の二〇一三年七月にはキプロスが、債権者側の自発的な協力を得る形で、既発国債をより償還期間が長い新発債に交換する形態での、事実上のデフォルトに陥っています。
*8　欧州連合の機能に関する条約第一二三条。
*9　中央銀行が国債を引き受けることで、「財政ファイナンス」と同義。
*10　European Stability Mechanism の略。

第七章　財政破綻のリアルⅡ——戦後日本の経験から

外国勢に買ってもらえない日本国債

わが国の場合は、そもそもギリシャのように、国債を外国勢にたくさん買ってもらえているわけではありません。わが国の国債の保有者別内訳を、国庫短期証券（満期一年以下の短期国債等の総称）と、国債・財投債（満期一年以上の中期・長期・超長期国債等の総称）に分けてみると、外国勢が国債の保有主体として大きな存在を示しているのは、あくまで国庫短期証券についての話であって、期間が長めの日本国債については、たいして保有してくれていません。二〇一五年度まで五・三パーセントに過ぎません。

一つには、日本国債の金利が諸外国対比であまりにも低いので、投資対象として魅力がないからです。ただし、最近では欧米主要国でも国債金利は歴史的に相当に低い水準にまで低下しているので、日本国債の金利と欧米主要国の金利に、かつてほどの差があるわけではありません（前掲図表1－4）。

もう一つには、日本国債が外国勢にあまり信用されてはいないから、とも考えられます。例えば、日本の財政運営が、一年後くらいにはそろそろどうも危なそうだなとなったときに、期間が短めの国債であれば、目先三カ月後なり六カ月後なり満期が来たところで元本を日本政府に返してもらい、もうそれで再投資するのをやめる。そうすれば損は被らずに済みます。

他方、期間が長い日本国債を買ってしまった後に、いざ日本の財政運営が危ない、となってしまったとき、例えば満期まであと五年もある場合、その日本国債を誰かに売って逃げるよりほかにありません。そのようなタイミングで、果たして買い手が見つかるかどうか。見つかったとしても、足もとをみられて相当な安値で買いたたかれるかもしれません。[*1] 買い手が見つからなければ、自分で満期まで持ち続けるよりほかになくなり、その間に日本がギリシャのように財政破綻してしまえば、元本を満額で返してもらえなくなるでしょう。いずれにせよ、大損を被る可能性があります。だから、信用力のない国の長期国債は、なかなか外国人投資家には買ってもらえなくなるのです。

「日本は貯蓄率が高く、国債のほとんどを国内で保有しているから、財政運営が危なくなるようなことはない」という見方を聞くことがあります。しかしながら、実際には、それはあくまでも日本政府自身が健全な財政運営に努め、それを市場に評価し、信用してもらい、リーズナブルな低い金利で国債を発行し、財政運営を回すことができている限りにおいて、の話です。

放漫財政で借金を増やし続け、市場金利が上昇する、もしくは今の日本の状況に照らせば、「事実上の財政ファイナンス」を行い、巨額の国債を買い入れ続けている日銀の金融政策運営が行き詰まることをきっかけに、政府の財政運営が回らなくなったとき、わが国はギリシャがとったような手は使えません。急激な債務調整の負担は、すべて私たち国民に向かってくることになるのです。

「国内債務調整」のつぶさな記録

一国が「国内債務調整」というパターンで財政破綻したときに、どのような事態になるのか。図表2-2（前掲）でみたように、実はそうした例は、それほど少なくありません。ただ、対外債務調整の場合には、外国にも債務調整の負担をかぶってもらうことになるため、否が応でも記録が残りますが、国内債務調整の場合は、あまり明確な形では記録が残されていないことが多いようです。自国民に無理筋の過酷な負担を強いる国内債務調整は、施政者の立場としてあまりにも恥ずかしい事態であり、その記録はできれば外国には知られないように隠しておきたいというのが、おそらく、そうした事態を引き起こした各国の政府や当局の本音なのでしょう。

世界各国の財政破綻の歴史的な経験をつぶさに調べた、米国の学者であるラインハート教授とロゴフ教授は、その著書『国家は破綻する』(Reinhart & Rogoff [2009]) のなかで、「公的国内債務のデータを探すのは、それがほんの数十年前のデータであっても、ほとんどの国で考古学の調査をするようなものだった」(邦訳版一七二ページ) などと述べています。

ところが、その「国内債務調整」のつぶさな記録が、実はこの国内、しかも財務省の鍵のかかった金庫の中などではなく、私たちの手が届くところに残されています。

私たち国民のほとんどは、現時点ではおそらく認識できていないことのようですが、わが国は実は、第二次大戦時に財政破綻をしています。正確には、この戦争中に対外的な財政破綻(国外で発行した外国債の債務不履行)をしているうえ、戦後は、国内で発行していた内国債の債務不履行はかろうじて回避しつつも、実質的には国債の債務不履行にも匹敵する内容での国内債務調整を行っています。これは戦争で疲弊した国民に、追い打ちをかける過酷な経済的負担をも求めるもので、まさに財政破綻の一つの類型に相当するものでした。そして、その実情は、大蔵省財政史室編で一九七六〜一九八四年に東洋経済新報社から刊行された『昭和財政史　終戦から講和まで』シリーズ各巻に、つぶさに記録されているのです。

このシリーズの「要録」を読むと、当時の財政当局の意識として、これほどの事態に至ってしまったのだから、その正確な記録をできるだけ客観的な形で後世に残しておく必要がある、という思いがあったようです。ただし、それを当時の財政当局自らが執筆するのでは、自己弁護になってしまいかねずよくない、という判断があったらしく、当時の債務調整に関する膨大な資料等を財政当局が提供し、各巻ごとに当時の第一線の財政学者や経済学者に執筆を依頼したのがこのシリーズである、ということがわかります。

例えばその第一一巻の『政府債務』を担当した加藤三郎東大教授は、当時の大蔵省から渡された膨大な資料を読み込み、執筆するのに実に一〇年の年月を要した、と要録のなかで述べています。実際にはそのようにして学者に執筆してもらった内容を、戦争直後の債務調整に実際にかかわった当局者たちが読んだり、研究会を開いてチェックしたり、という財政当局の協力も得つつ、記録はまとめられたようです。以下では、このシリーズのなかでも、とりわけ第一一巻（政府債務）や第一二巻（金融〈1〉。そのうちの「金融政策」編の執筆者は中村隆英東大教授）を参考としつつ、実際にどのようなことが行われたのかをみてみましょう。

敗戦直前に抱えていた国民所得比二六七パーセントの借金

図表7－1は、第二次大戦前から戦後にかけて、わが国の経済と国債や借入金等の借金がどのように推移したのかをみたものです。敗戦の時点で日本が抱えていた借金の残高を国民所得に対する比率、これは今でいう政府債務残高の対名目GDP比とほぼ同じ意味ですが、敗戦の直前の一九四四年には二六七パーセント、ちょうど今のわが国の財政と同じくらいに悪い状態です。これが敗戦で財政破綻したわけです。

太平洋戦争に向かっていった昭和一〇年代、増え続ける国債の残高は、ほとんど「預金部」と日銀が引き受けていきます。「預金部」とは戦後の大蔵省の資金運用部（現在の、財

図表7-1　国債借入金等残高の対国民所得比率等の推移
（昭和5～昭和25年度）

年度		国民所得（百万円）（A）	卸売物価指数前年比	国債借入金等年度末残高（百万円、B）	国債借入金等対国民所得比（%、B/A）	国債現金償還額（百万円、C）	国債現金償還額対国民所得比（%、C/A）
1930	昭和5	11,740		6,843	58.3	156	1.3
31	6	10,520	▲15.5	7,053	67.0	56	0.5
32	7	11,332	11.0	7,911	69.8	32	0.3
33	8	12,417	14.6	8,917	71.8	20	0.2
34	9	13,131	2.0	9,780	74.5	21	0.2
35	10	14,440	2.5	10,525	72.9	50	0.3
36	11	15,546	4.2	11,302	72.7	48	0.3
37	12	18,620	21.4	13,355	71.7	16	0.1
38	13	20,008	5.5	17,921	89.6	20	0.1
39	14	25,354	10.5	23,566	92.9	21	0.1
40	15	31,043	11.9	31,003	99.9	21	0.1
41	16	35,834	7.1	41,786	116.6	15	0.0
42	17	42,144	8.8	57,152	135.6	0	0.0
43	18	48,448	7.0	85,115	175.7	1	0.0
44	19	56,937	13.3	151,952	266.9	755	1.3
45	20	-	31.7	199,454	-	-	-
46	21	360,855	432.9	265,353	73.5	42	0.0
47	22	968,031	195.9	360,628	37.3	1,662	0.2
48	23	1,961,611	165.6	524,408	26.7	3,582	0.2
49	24	2,737,253	63.3	637,286	23.3	65,772	2.4
50	25	3,381,500	18.2	554,007	16.4	50,871	1.5

（資料）大蔵省財政史室（編）『昭和財政史　終戦から講和まで　第11巻　政府債務』東洋経済新報社、1983（昭和58）年5月、『同　第19巻　統計』東洋経済新報社、1981（昭和56）年4月を基に作成。

（原資料注1）国債借入金等年度末残高は、国債、借入金、短期証券および一時借入金の合計額。外貨債の円換算は、英貨1ポンドにつき9円763、米貨1ドルにつき2円006、仏貨1フランにつき0円387。

（原資料注2）国民所得は、昭和20年までは暦年ベース、21年以降は年度ベース。

政投融資を扱う財政融資資金）の前身で、要するに政府の資金運用部門も日銀と一緒に、国債を政府から直接、引き受けていたわけです。

山のように嵩む戦費を、政府が国債を刷って刷って刷りまくって、全部、日銀や預金部に引き受けさせる。今であれば財政法で禁じられている完全な「財政ファイナンス」をやっていたわけです。

戦時下の日銀と現在の日銀の対照的な点

ただ、注意すべきは、当時の日銀の行動です。いくら戦争だとはいえ、国民が生活に困っているわけですから、インフレはできるだけ抑えたいと考え、少しでも世の中にあるお金を吸収するため、政府から引き受けた国債を市中に売っていたのです。引受額の八割とか九割を売却していた年もあります。ここは、現在の日銀が行っているＱＱＥでのオペレーションとの大きな違い、極めて対照的な点だと思います。

昭和の初め頃は、ロンドンなどの外国で一定額の日本国債が外国債として発行されていましたが、そこでつけられていた金利は五〜七パーセントといった高いものでした。それも、一九四二年に日本政府が債務不履行した後は、戦争状態になっていたこともあり、外国債での調達は困難となります。代わりに、はるかに低利の内国債を発行して、それを日銀と預金部に引き受けさせ、戦争が続けられていたことがわかります。

「取るものは取る、返すものは返す」という対応

敗戦によって財政運営は完全に行き詰まりました。昭和財政史の第一一巻(政府債務)には、当時の政府内で、債務調整の検討がどのように進められていったのかが記録されています。図表7-2は、当時の事態の推移をみたものです。

大蔵省内では、①官業および国有財産払い下げ、②財産税等の徴収、③債務破棄(元本を返さない、債務不履行のことです)、④インフレーション、⑤国債の利率引き下げ、以上五つの選択肢が上ったと『昭和財政史』には記録されています。そのなかで、GHQによる押しつけではなく、あくまでわが国の財政当局の判断として「取るものは取る、返すものは返す」という原則に象徴される対応が決定されていったのです。

具体的には、一度限り、いわば空前絶後の大規模課税として、動産、不動産、現預金な

図表7-2　終戦直後（昭和20〜21年）の主な財政・金融関係政策の流れ

年		月日	政治経済一般	財政	金融	内閣	蔵相
1945	昭和20	8月15日	終戦			東久邇内閣（昭和20年8月17日〜20年10月9日）	津島寿一
		8月28日		大蔵省に戦後通貨対策委員会設置			
		9月2日	降伏文書に調印			幣原内閣（昭和20年10月9日〜21年5月22日）	渋沢敬三
		11月24日		戦時利得の排除および国家財政の再編成に関する覚書			
1946	昭和21	1月21日		司令部、政府借入の制限・支払制限に関し指令			
		2月17日	食糧緊急措置令、隠匿物資等緊急措置令公布	臨時財産調査令公布	金融緊急措置令、日本銀行券預入令公布		
		3月3日	物価統制令公布				
		7月24日		戦時補償全面打ち切り閣議決定	戦時補償全面打ち切り閣議決定	第一次吉田内閣（昭和21年5月22日〜22年5月24日）	石橋湛山
		8月11日			金融緊急措置による封鎖預金を第一封鎖預金・第二封鎖預金に分離		
		8月15日	企業経理応急措置法公布		金融機関経理応急措置法公布		
		10月19日	戦時補償特別措置法、企業再建整備法公布	戦時補償特別措置法公布	戦時補償特別措置法、金融機関再建整備法公布		
		11月12日		財産税法公布			

（資料）西村吉正（編）『復興と成長の財政金融政策』大蔵省印刷局、1994（平成6）年8月を基に作成。

どを対象に、高率の「財産税」（税率は二五～九〇パーセント）が課税されました。これが「取るものは取る」です。それを主な原資に、内国債の可能な限りの償還が行われ、内国債の債務不履行そのものの事態は回避されました。これが「返すものは返す」です。民間銀行なども多く保有していた内国債を債務不履行とすれば、金融システムに大きな影響が及び、民間銀行の倒産や社会的な混乱も抑えられなくなるため、財政当局は、「債務不履行」とは別の形で財政破綻する道を選んだものと思われます。

他方、戦時補償債務を切り捨てるため、国民に対して、政府の負っている債務と同額での「戦時補償特別税」の課税が断行されました。そして、これらの課税に先立ち、一九四六年二月、順番としては一番先に、預金封鎖および新円切り替えが行われたのです。

当時の政策運営上の意思決定の状況について、『昭和財政史』の第一一巻（政府債務）には、一九四五年一〇月一四日の官邸での会合の列席者による回想として、以下のような記述がみられます（八九ページ）。

……大蔵省として天下に公約し国民に訴えて発行した国債である以上は、これを踏みつぶすということはとんでもない話だ、というような意見が勝ちを占めまして、おそらく私もその一人であったろうと思うのですが、これは満場一致の形で、取るものは取る、うんと国民から税金その他でしぼり取る、そうして返すものは返す、こういう基本原則をとにかく事務当局できめてしまいました。その場で財産税という構想が出まして、議論を重ねました。この財産税は結局日本戦後の財政史上、国内混乱を起した以外何ものでもないことになりましたが、財産税の構想はその会合でたまたま議論が起ったものです。

（原資料：今井一男口述「終戦以後の給与政策について」『戦後財政史口述資料』第八分冊、昭和二六年一二月一七日）

財産税を原資にした内国債の償還

実際にとられた政策の内容を順にみていきましょう。

一度限りの大規模課税である財産税の課税対象としては、不動産等よりはむしろ預貯金や保険、株式、国債等の金融資産がかなりのウエートを占めていました。戦後の焼け野原のなかで、国民にとって唯一残っていた預貯金までが、財政破綻の穴埋めのために「お上」に持っていかれてしまったのです。課税財産価額の合計は昭和二一年度の一般会計予算額に匹敵する規模に達していました。

また、財産税の実施に先立って作成された、階級別の収入見込み額をみると（図表7－3）、国民は、その保有する財産の価額の多寡にかかわらず、要するに貧富の差なく、この財産税の納税義務を負うこととなったことがわかります。税率は最低二五パーセントから最高で九〇パーセントと一四段階で設定されていました。

一人当たりの税額は、もちろん、保有財産額の多い富裕層が突出して多くなるわけですが、政府による税揚げ総額の観点からみると、いわば中間層からの税揚げ総額が最も多くなると見込まれていたことがわかります。「財産税」というと、「お金持ちへの課税」を連想しがちですが、実際には貧富の差を問わず、ほぼすべての国民からその資産を課税の形で吸い上げるものだったといえそうです。

なお、新憲法制定前の大日本帝国憲法下にあった当時、こうした措置は勅令の形で行わ

図表7-3　財産税の実施時点における階級別見込み額

区分（千円超）	人員（戸）	財産価額		税額	
		1人当たり（千円）	総額（百万円）	1人当たり（円）	総額（百万円）
100	80,833	104	8,407	1,000	81
110	58,864	114	6,710	3,700	218
120	53,194	124	6,596	6,900	367
130	61,959	138	8,550	12,200	756
150	48,507	158	7,665	20,600	999
170	59,334	182	10,799	32,000	1,899
200	66,458	240	15,950	63,000	4,187
300	46,914	380	17,827	144,000	6,756
小計	476,063		82,504		15,263
500	24,054	675	16,236	329,750	7,931
1,000	6,651	1,175	7,815	663,500	4,413
1,500	3,515	2,025	7,118	1,284,750	4,515
3,000	1,267	3,700	4,688	2,576,000	3,263
5,000	522	8,500	4,437	6,591,000	3,440
15,000	102	52,471	5,352	45,834,000	4,675
小計	36,111		45,646		28,237
合計/平均	512,174	250	128,150	85,000	43,500

（資料）大蔵省財政史室（編）『昭和財政史 終戦から講和まで 第7巻 租税（1）』東洋経済新報社、1977（昭和52）年2月を基に作成。

（原資料）財産税法案・戦時補償特別税法案の議会提案と同時に参考として提出された関係書類。
（注）本見込み額に関して、前尾繁三郎「終戦直後の財産税構想と徴税問題」（一）（『戦後財政史口述資料』第三分冊・租税）は、「その1年間のインフレの激化というものは非常な勢いだったのです」、「従って実際に行った財産税というものは、そう税額も大きくはなく、そう大きな役割を果たすことはできませんでした」と述べている（『昭和財政史 終戦から講和まで 第7巻租税（1）177〜183ページ』）。

れました。しかしながら、国による国民からの資産のいわば「収奪」が、国民の財産権を侵害するような形でなく、あくまで国家としての正式な意思決定に基づく「徴税権の行使」によって行われたことに注意する必要があります。これは、現行の憲法下でも当てはまることではないかと思われます。そして、そのようにして徴税された財産税を主たる原資に、可能な限りの内国債の償還が行われていったのです。

預金封鎖と新円切り替え

こうした財産税課税に先立ち、一九四六年二月一七日には、預金封鎖および新円切り替えが断行されています。新円と旧円の比率は一対一でした。日銀や民間金融機関も含めて極秘裏に準備したうえで、国民向けの公表は実施の前日一六日に行われ、わずか一日で実施に移されるという、いわば「荒業」だったのです。新円の印刷は間に合わないため、証紙を貼って対応したそうです。翌日から国民は、世帯主は月三〇〇円、それ以外は一人月一〇〇円しか預金から新円として引き出せなくなりました。

こうした措置について、国民向けには「インフレ抑制のため」という説明で政府は通しました。『昭和財政史』では、二月一六日に行われた渋沢敬三蔵相のラジオ演説は次のようなものであったと記録されています（第一二巻金融〈1〉九九ページ。速記録のママ）。同時に、国民からは相当な反発があったことも記述されているのです。

皆サン、政府ハ何故コウシタ徹底シタ、見ヤウニ依ツテハ乱暴ナ政策ヲトラナケレバナラナイノデセウカ、ソレハ一口ニ謂ヘバ悪性インフレーシヨントイフ、国民トシテ実ニ始末ノ悪イ、重イ重イ生命ニモカカワルヤウナ病気ヲナオス為ノ已ムヲ得ナイ方法ナノデス。

その後、一九四六年一〇月一九日には、「戦時補償特別措置法」が公布され、いわば政府に対する債権者である国民に対して、国側が負っている債務金額と同額の「戦時補償特別措置税」が賦課されました。これは、政府として、内国債の債務不履行は回避したものの、国内企業や国民に対して戦時中に約束した補償債務は履行しない、という形で部分的に国内債務不履行を強行したことに相当します。そしてここでも、国民の財産権の侵害を回避すべく、「国家の徴税権の行使」という手段がとられたのです。

また、同じ日に「金融機関再建整備法」および「企業再建整備法」も公布されました。これを受け、民間金融機関等の経営再建・再編に向けて、民間金融機関の債務のうち第二封鎖預金が切り捨てられたのです（実施は一九四八年三月。図表7－4）。

要するに、本来であれば国が国債を発行してでも調達して民間金融機関に公的資金を注入すべきところ、財政破綻状態のなか、国債発行による資金調達などままならず、公的資金注入など到底できないため、国民の預金を切り捨てて、民間金融機関の債務負担を軽くし、経営を継続できるようにしたのです。

財産税法の公布は、一九四六年一一月一二日でした。財産税の納付には、不動産等の現物納付が認められた一方で、先行して差し押さえられていた封鎖預金も充当されました。そして一九四八年七月、第一封鎖預金が自由預金に移されて事実上、封鎖が解除されたとき、残っていた封鎖預金の残高の価値は、大幅なインフレによって実質的にはほとんどなくなっていたのです。政府が借金の山をインフレで解決する、ということは、具体的にはこのようなことをするのだ、ということがわかります。

（百万円）

調整勘定利益金（27年9月末）
8,345
-
-
-
-
126
72
1,784
2,280
-
-
12,607

を基に作成。

最後の調整の痛みは間違いなく国民に及ぶ

これが、わが国がたかだか七〇年前に経験した「国内債務調整」の厳しい実情です。当

図表7-4　金融機関再建整備最終処理状況

金融機関	確定損	確定損負担源泉別状況					
		確定益	積立金取崩	資本金切捨	整理債務切捨	指定債務切捨	政府補償
銀行	27,490	6,205	1,308	1,581	17,997	30	367
特別銀行	7,687	500	278	237	6,669	-	-
普通銀行	15,441	3,838	947	1,331	9,339	-	1
貯蓄銀行	1,747	323	15	72	1,079	-	241
信託銀行	1,253	71	66	123	858	-	124
無尽会社	625	75	10	36	43	1	455
信用組合	743	69	36	93	175	1	323
金庫	4,563	38	12	147	116	1	4,268
保険	8,370	1,533	436	60	2,547	-	3,863
県農組	2,868	164	50	109	25	2	2,509
市町村農組	-	-	-	-	-	-	403
合計	44,659	8,084	1,852	2,028	20,873	35	12,192

(資料)大蔵省財政史室(編)『昭和財政史 終戦から講和まで 第19巻 統計』東洋経済新報社、1981(昭和56)

時の経験を知る人は少なくなりつつありますが、この「預金封鎖・新円切り替え」「財産税」という政策や、結果的に発生を止められなかった「高インフレ」が、当時の国民にどのような痛みをもたらしたのかは、例えば、最近刊行された『人びとの戦後経済秘史』からも読み取ることができます。

このような戦後の事実から明らかになるのは、国債が国として負った借金である以上、国内でその大部分を引き受けているケースにおいて、財政運営が行き詰まった場合の最後の調整の痛みは、間違いなく国民に及ぶ、ということです。もちろん、当時と今の状況は、経済的にも政治的にも異なります。しかしながら、一国が債務残高の規模を増やし続けたまま永続することはあり得ません。「国債の大部分を国内で消化できていれば大丈夫」では決してないのです。

註

＊1　債券の価格は、それをもとに算出される満期までの金利（最終利回り）と逆の動きをします。債券の価格が下がれば満期までの金利が上がり、価格が上がれば満期までの金利が下がることになります。

第八章　蓄積され続けるリスクと遠のく正常化

日銀に蓄積され続ける大きなリスク

この国の財政運営は、果たしてこの後、どうなってしまうのでしょうか。

わが国の借金の増加傾向を、国債の発行目的別にみてみると、一九九〇年代末、わが国において不良債権問題に端を発する金融危機が深刻化した頃から、とりわけ赤字国債の発行額が大きく伸び続け、これが国債全体の発行額残高を押し上げていることがわかります。国債には大別して、公共事業費に充てるための「建設国債」と、これを発行してもなお歳入が不足するときに発行する「赤字国債」の二つがあります。前者は財政法四条に基づいて発行されることから「四条公債」、後者は特例公債法に基づいて発行されることから「特例公債」と呼ばれることもあります。

赤字国債の発行が急速に伸びたのは一九九〇年代末からで、日銀が「ゼロ金利政策」や「量的緩和」といった非伝統的な手段による金融政策運営に着手した時期に重なり、わが国の場合、その後はほぼ一貫して超金融緩和状態が続いていますので、こうした金融情勢も、政府の財政運営とその結果としての国債残高の積み上がりに大きな影響を及ぼしてきたことは間違いないように思われます。

そして、日銀による金融政策運営が「超金融緩和状態の長期化」などという表現で済むレベルではなく、まさに「事実上の財政ファイナンス」状態に入ってしまった現在、すでにみてきたように、わが国の財政運営は、表面上は、消費税率の引き上げを二度にわたり先送りしても市場では何も起こらず、一見、無風の状態が続いています。しかし、それとは裏腹に、中央銀行である日銀の財務運営には、国民の目からは隠れる形で恐ろしいほどに大きなリスクが蓄積されつつあるのです。

日銀の国庫納付金の推移を振り返れば（図表8－1）、かつて金利が高かった時代、日銀自身のバランス・シートの規模は今よりもずっと小さかったにもかかわらず、毎年度一兆円、二兆円といったまとまった金額を国庫に納付していた期間も長くありました。当時の日銀は、外国為替資金特別会計や国債整理基金特別会計と並んで、主計局が予算編成上、最後の最後でどうしても困ったときに頼れる（剰余金を一般会計向けに吐き出してもらえる）「打ち出の小槌」の一つ、と呼ばれていた時代もあったようです。

ただし、日銀が量的緩和に転じた二〇〇〇年代からは、一般会計への納付金は、年度に

(億円)

対一般会計歳入(除く公債金)等比率(%)【B/F】	(参考)日銀総資産【C】	一般会計 歳入【D】	一般会計 公債金【E】	一般会計 歳入(除く公債金)【F=D-E】
3.4	n.a.	480,013	140,447	339,565
3.4	n.a.	516,529	134,863	381,666
3.4	n.a.	521,834	127,813	394,021
3.9	n.a.	539,926	123,080	416,846
2.2	325,672	564,892	112,549	452,343
0.7	347,398	613,888	94,181	519,706
0.6	396,435	646,074	71,525	574,549
0.3	451,307	672,478	66,385	606,093
0.5	491,566	717,035	63,432	653,603
2.3	495,913	729,906	67,300	662,606
3.4	479,890	714,660	95,360	619,300
2.7	501,709	777,312	161,740	615,572
1.6	504,117	763,390	131,563	631,827
1.1	542,958	805,572	183,959	621,613
1.7	619,631	818,090	198,687	619,403
1.2	714,584	801,705	184,580	617,125
2.6	797,450	897,827	340,000	557,827
1.9	1,062,017	943,763	375,136	568,628
2.1	1,150,959	933,610	330,040	603,570
2.4	1,385,648	869,030	300,000	569,030
1.0	1,411,674	872,890	349,680	523,210
0.1	1,493,819	856,228	353,450	502,778
0.3	1,505,173	888,975	354,900	534,075
0.5	1,448,629	890,003	312,690	577,313
1.3	1,127,409	844,127	274,700	569,427
1.0	1,134,262	845,535	253,820	591,715
0.5	1,238,886	892,082	331,680	560,402
0.6	1,218,241	1,071,142	519,550	551,592
0.1	1,423,631	1,005,346	423,030	582,316
0.7	1,394,569	1,099,795	427,980	671,815
0.9	1,648,127	1,077,620	474,650	602,970
0.9	2,415,798	1,060,447	408,510	651,937
1.1	3,235,937	1,046,791	384,929	661,862
n.a.	4,056,481	n.a.	n.a.	n.a.

日本銀行『時系列統計データ』、『日本銀行統計』を基に作成。
(出所は『日本銀行統計』)。

図表8-1　日銀の国庫納付金の推移

	(年度)	日銀・国庫納付金			
		一般会計当初予算ベース【A】	一般会計決算ベース【B】	(参考)当初予算対比での上(下)振れ幅【B-A】	(参考)対日銀総資産比率(%)【B/C】
1982	昭和57	9,855	11,674	1,819	n.a.
1983	58	12,627	13,128	501	n.a.
1984	59	12,833	13,404	571	n.a.
1985	60	13,198	16,323	3,125	n.a.
1986	61	10,024	10,016	▲ 8	3.1
1987	62	3,840	3,840	0	1.1
1988	63	3,708	3,709	1	0.9
1989	平成元	3,800	1,847	▲ 1,953	0.4
1990	2	2,440	3,240	800	0.7
1991	3	10,320	15,159	4,839	3.1
1992	4	13,320	21,121	7,801	4.4
1993	5	14,020	16,522	2,502	3.3
1994	6	8,510	9,821	1,311	1.9
1995	7	6,690	6,690	0	1.2
1996	8	4,740	10,746	6,006	1.7
1997	9	7,388	7,475	87	1.0
1998	10	4,890	14,360	9,470	1.8
1999	11	4,906	10,859	5,953	1.0
2000	12	5,209	12,581	7,372	1.1
2001	13	5,009	13,905	8,896	1.0
2002	14	5,674	5,053	▲ 621	0.4
2003	15	1,096	472	▲ 624	0.0
2004	16	5,020	1,691	▲ 3,329	0.1
2005	17	3,352	3,172	▲ 180	0.2
2006	18	4,478	7,415	2,937	0.7
2007	19	7,026	6,087	▲ 939	0.5
2008	20	7,210	2,552	▲ 4,658	0.2
2009	21	6,694	3,488	▲ 3,206	0.3
2010	22	3,285	443	▲ 2,842	0.0
2011	23	2,862	5,026	2,164	0.4
2012	24	2,752	5,472	2,720	0.3
2013	25	4,064	5,767	1,703	0.2
2014	26	6,382	7,568	1,186	0.2
2015	27	8,205	3,905	▲ 4,300	0.1

(資料)財務省『決算書データベース』、『日本の財政関係資料』平成28年4月、『財政統計 予算・決算等データ』、
(注)日銀の総資産は1998年以降は年度末ベース(出所は『時系列統計データ』)、1986〜97年は年末ベース

よる振れもありますが、おおむね数千億円前後で推移してきています。

日銀が今後、正常化局面に入らざるを得なくなった場合、一般会計への納付金がゼロになったとして、実際には、日銀から政府への数千億円レベルでの納付金がなくなるのにとどまらず、政府から毎年度、数兆円単位での損失補塡をしなければ、日銀の財政運営が回らなくなる可能性があるのです。また、そのような局面で当然想定される市場金利の一定程度の上昇ともあいまって、政府の財政運営そのものが危うくされかねません。

さらには、日銀がそうした事態を避けようと、自らの債務超過転落回避を最優先とせざるを得なくなり、付利引き上げによる金融引き締めができなくなってしまえば、国内外の金融情勢の変化に応じた機動的な金融政策運営が行えなくなり、結果として、わが国の経済全体に重大な影響が及ぶ事態ともなりかねないことが強く懸念されます。

悠長な国債の「六〇年償還ルール」

それはなぜか。もう少し具体的にみてみましょう。図表8-2は、一般会計の利払費と公債残高の推移をみたものです。公債残高が増え続けているにもかかわらず、一九九〇年

図表8-2　財務省の『仮定計算』が示す今後の利払費の見通し

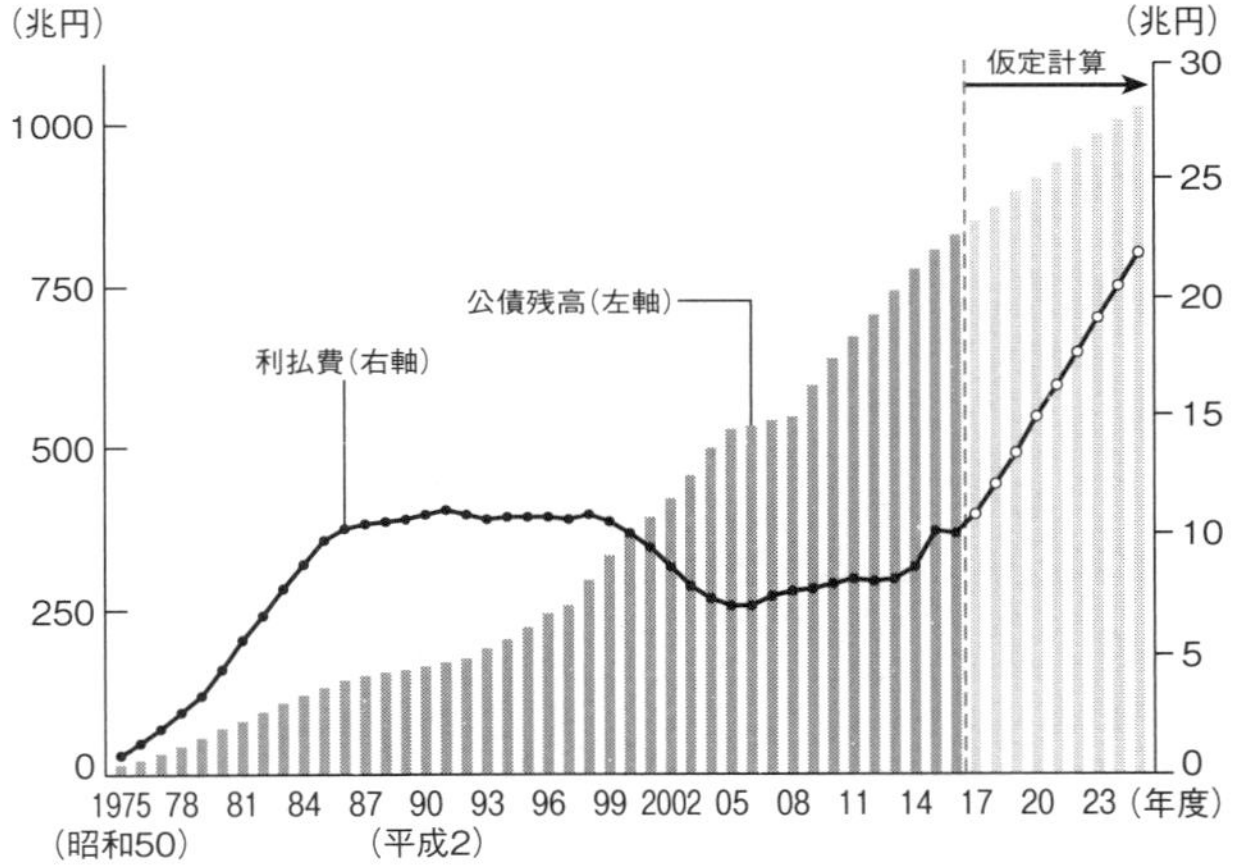

（資料）財務省『日本の財政関係資料』平成28年2月、同『国債整理基金の資金繰り状況等についての仮定計算』平成28年2月を基に作成。
（原資料注1）「平成28年度予算の後年度歳出・歳入への影響試算」の[試算-1]（*）を前提とする。「差額」は全て公債金で賄われると仮定して推計。平成34年度以降、新規公債発行額は平成33年度の「差額」と同額と仮置きし、金利は平成33年度と同水準と仮置き。
（原資料注2）計算の対象は、定率繰入及び発行差減額繰入対象公債等としている。なお、年金特例債は計算の対象とし、復興債は計算の対象外とする。
（注3）原資料注1の（*）における、平成28年度から33年度の各年度における10年国債の金利（予算積算金利）は平成28年度から順に、1.6%、1.7%、1.9%、2.0%、2.2%、2.4%（33年度）。

代以降、利払費は年度当たり一〇兆円前後でほぼ横ばいで推移し、二〇〇〇年代に入ってからは、公債残高の増加傾向とは裏腹に、利払費は減っているのです。

これには二つの要因があると考えられます。一つ目は、日銀の金融政策運営の影響です。超金融緩和状態で、政府の利払費負担は明らかに楽になりました。二つ目には、わが国の国債の償還（満期到来時に投資家

図表8-3　わが国の借換債による公債償還の仕組み
＜60年償還ルール＞

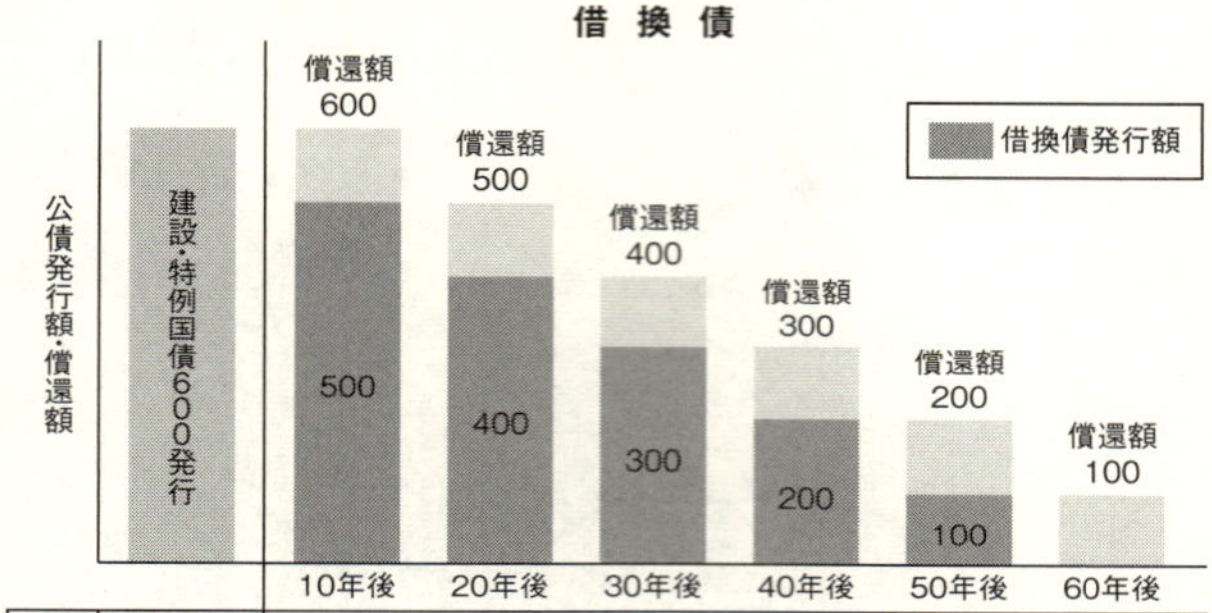

残高	600	500	400	300	200	100	0

（資料）財務省ホームページ。

に元本を返済すること）制度の問題があります。わが国は、主要諸外国にはおよそみられない悠長な「六〇年償還ルール」というものを採用しているのです[*1]（図表8－3）。

これは、国債をいかなる目的で発行しようとも、建設国債の場合のみならず、赤字国債の場合も含めて、一度発行したら六〇年かけて最終的に全額を返そう、というルールです。仮に一〇年物国債を発行して資金を調達しても、最初の一〇年経過後の満期到来時に現金償還するのは元本の六分の一の額のみで、残りの六分の五は、借換債を発行して、再度、お金を借り直します。このようなことを、最初の発行から六〇年が経過するまで繰り返すのです。

市場で形成される金利水準を、短い年限から長い年限までつないだ線を「イールドカーブ」と言いますが、通常は、短期の金利の方が長期の金利よりも低くなるため、イールドカーブは右肩上がりの形になります。そのような状況のもとで、国債の満期が到来した際、最初は一〇年物を発行していたところを、借り換えの際には一年物の短期国債にしてしまえば、利払費は大きく節約できることになります。

このような二つの要因があいまって、わが国では長年にわたり、利払費がずっと抑えられ続けてきました。わが国の一般会計の予算編成がどのように編成されているかの大まかな見取り図をみれば（図表8－4）、それによって、いかに身の丈に合った厳しい財政再建をせずに済んできたのかがわかると思います。これは裏を返せば、わが国の財政運営の先行きにとって重大なリスクをもたらしかねない、ということになります。

図表8－5は、主要国の政府債務残高や財政収支、PBと合わせて、毎年のグロス所要資金調達額の対名目GDP比の計数をみたものです。要するに、各国政府が毎年どの程度の規模の国債を発行しなければ、財政運営を予定どおりに安定的に回していくことができなくなるのかをみたものと言えます。

図表8-4　わが国の平成28年度当初予算政府案における、一般会計の大まかな歳出・歳入の見取り図

<歳入>	
税収	57.6兆円
その他収入	4.7兆円
うち日本銀行納付金	(5,351億円)
公債金	34,4兆円

<一般会計歳入・歳出総額>
96.7兆円

<歳出>	
社会保障関係費	32.0兆円
地方交付税交付金等	15.3兆円
公共事業費ほか	25.9兆円
国債費	23.6兆円
うち債務償還費	13.7兆円
利払費	9.9兆円

(資料)財務省『平成28年度予算のポイント』、予算書・決算書データベース『平成28年度予算書関連』データ。

その内訳をみると、日本の場合は、財政収支の赤字幅（＝新発国債の発行額に相当）の大きさもさることながら、「六〇年償還ルール」があるのをよいことに、短期債への借り換えを繰り返してきたため、利払費は抑えることができても、この満期負債（＝借換債の発行額に相当）の規模が極端に高くなってしまっています。そのために、グロスの所要資金調達額の規模も、諸外国対比で突出していることがわかります。

つまり、国内外の金融情勢の何らかの変化によって、政府の国債発行が難しくなり、自力での財政運営が行き詰まる可能性が高くなったとき、言い換えれば、第六章や第七章でみた対外・対内債務調整の瀬戸際に立たされたとき、財政運営というバケツに開く穴の大きさが、諸外国対比で極端に大きいことを意味します。

図表8-5　主要先進国の一般政府債務残高とグロス所要資金調達額

（2016年4月公表時点における、IMFによる2016年見通し、対名目GDP比）

	債務残高	グロス所要資金調達額			（参考）	
		満期負債	財政収支赤字幅		財政収支	プライマリー・バランス
日本	249.3	36.5	4.9	41.4	▲ 4.9	▲ 4.8
アメリカ	107.5	16.0	3.8	19.8	▲ 3.8	▲ 1.8
イギリス	89.1	6.2	3.2	9.4	▲ 3.2	▲ 1.6
（ユーロ圏各国）						
ドイツ	68.2	4.3	▲ 0.1	4.2	＋ 0.1	＋ 1.1
イタリア	133.0	16.0	2.7	18.7	▲ 2.7	＋ 1.4
スペイン	99.0	14.7	3.4	18.1	▲ 3.4	▲ 0.9
ギリシャ	178.4	8.8	1.2	10.0	▲ 4.2	▲ 0.6
（参考）						
スイス	44.9	1.7	0.3	1.9	▲ 0.3	▲ 0.1

（%）


（資料）IMF, Fiscal Monitor, April 2015およびApril 2016を基に作成。

（原資料）Bloomberg L.O., およびIMFスタッフによる推計・予測値。

（原資料注1）殆どの国では、満期負債のデータは、中央政府負債（国債）にかかるもの。一部の国においては、一般政府の収支は、発生主義ベースで報告されている計数。

（原資料注2）満期負債は、2016年および2017年の短期負債残高が、それぞれ、2017年および2018年に満期を迎える新たな短期負債によって再調達されると仮定。2016年もしくは2017年に財政赤字を計上すると見込まれる国々は、2015年末時点の負債の満期構成に従い、新規負債を発行すると仮定。

（原資料注3）スペインのデータは、連結ベースの一般政府にかかるもの。

（原資料注4）各国間の比較可能性を確保するため、アメリカ合衆国の歳出および財政収支データは、資金調達未済の年金債務にかかる帰属利子および被雇用者の帰属補償は除外する形で調整。
（注5）財政収支赤字幅の「▲」は財政収支が黒字であることを示す。
（注6）ギリシャのみ、グロス所要資金調達額（その内訳としての満期負債、財政収支）は中央政府ベースで、2014年10月時点における2015年の計数。債務残高と財政収支、プライマリー・バランスは2016年4月時点における2015年の計数。

対して欧州の各国は、国債を発行する際、どちらかというと長期債が中心で、それは高い長期金利を払ってでも、先々の財政運営のリスクに国として備えている、ということを意味します。日本のこのグロスの所要資金調達額の規模は、欧州債務危機で苦しんだギリシャやイタリアよりも、ずっと悪い状態にあるのです。財務省もこの点は認識しているようで、最近では国債発行上、短期国債（国庫短期証券）の額を減らし、長期国債の発行額を増やしています。

これがもし国内外の民間の機関投資家に、増やした分の長期国債を引き受けてもらえているのだったら、国の財政運営リスクの管理上は「万々歳」です。ところが今の日本はそうではありません。長期国債、超長期国債を含め、そのかなりの割合を日銀が「買い占めている」状況です。この国が抱える先行きの財政運営リスクは、ひとえに日銀が集中して負担するような形になってしまっているのです。

今後、国内外の金融情勢が変化した際、わが国の金融政策運営、財政政策運営がそれについていかれなくなることが懸念されます。別にリーマン・ショック級の金融危機が起これば、というような極端なケースを想定しているのではありません。これまでの各国の経済運営を振り返って、今後も「ごくありふれた」範囲で起こることが想定される、というレベルの状況変化にすら、この国はついていけなくなる可能性も否定できないように思われます。

Ｆｅｄが保有資産の満期落ちに着手するとき

なぜ、こうした財政・金融政策運営がかくも長期にわたり可能となってきたのか。それには日本にとっては結果的には好都合な形で、海外情勢の影響も強く作用したといえるように思います。二〇〇〇年代の後半、欧米主要国もリーマン・ショックに見舞われ、日本と同じ「事実上のゼロ金利」状態、ないしはそれに極めて近い状態に陥りました。しかもその状態は、今日に至るまで長期にわたり継続しています。

しかしながら、海外の主要中央銀行の首脳らが繰り返し警告しているように、こうした「超低金利状態」は永遠に続くものではありません。その最初のブレイクスルーとなるのは、やはりＦｅｄの金融政策運営の正常化の進展だと思います。

そして、その際、わが国にとって正念場となるのが、Ｆｅｄが今後、短期金利の引き上げ誘導を一定水準まで進めて、ついに買い入れてきた財務省証券やＭＢＳの満期落ちに着手し、保有資産の縮小を開始するときだろうと思います。これまでの中央銀行の金融引き締めといえば、政策金利である短期金利を引き上げ誘導するだけで、長期金利には短期の部分から影響が伝播《でんぱ》していく、という形になっていました。しかしながら、今回のＦｅｄの正常化に伴う引き締め局面は、そうした動きにとどまらないのです。

短期金利の引き上げ誘導に加え、長期債の市場でも、Ｆｅｄが多額の満期落ちを断行するとなれば、米国の財政運営が大幅な財政収支黒字を計上して、満期の到来した国債を借り換えせずに全額償還できるようにでもならない限り、米国の財務省は、借換債のＦｅｄに代わる新たな引き受け手を民間投資家のなかから探さなければならなくなるのです。そのような投資家が簡単に見つかり、借換債が円滑に消化されればよいですが、そうでなければ、米国の長期債市場には、今までの金融引き締め局面にはなかった、債券の需給上の長期金利の押し上げ圧力がかかることになります。[*2]

戦後の「国内債務調整」の再現か

このようなＦｅｄの正常化の進展は、新興国の金融・経済に大きな影響を及ぼすことが懸念されていますが、おそらくわが国もその影響が及ぶ例外ではなくなるでしょう。国内外の投資家は常に各国の国債金利をにらみながら内外債券の保有ポジションを決めています。米国に引っ張られて日本の長期金利が上昇したり、それでも日米金利差の拡大に歯止めをかけられず、外国為替市場で大幅な円安が進むような可能性も否定できないところです。そうした場合、中央銀行は短期金利を引き上げ誘導して金融を引き締め、自国通貨の防衛を図ることがよくありますが、今のような状況で日銀がこのような局面に遭遇した際、自らが債務超過に陥ることを回避せざるを得ず、本来であれば必要な、機動的な金融引き締めができなくなるかもしれません。

もちろん自国通貨安には、外国為替市場介入で対抗する手もあります。日本は確かに世界でも有数の外貨準備を保有していますが、これまでのいくつもの歴史的な経験に鑑みれば、一九九〇年代初めの英ポンド危機も然り、九〇年代後半のアジア通貨危機もまた然りで、ヘッジ・ファンドなどを筆頭に、市場が束になって一国の通貨当局に向かってきた場合、外国為替市場介入でこれに対抗するのはほぼ不可能です。

また、国内外の金融情勢がそのような状況に陥れば、財政運営にも間違いなく重大な影響が及びます。図表8－2で示した財務省の仮定計算は、わずかな金利上昇で、この国の利払費が雪だるま式に急増しかねない姿を示しています。利払費を払えなければ、国としてデフォルト状態に陥り、それ以降の国債の発行はできなくなります。

そのような状況下の日銀には、おそらく今のように巨額の国債を引き受け続けられる力はもはや残っていないでしょう。大幅な増税を断行するか、他の部分の歳出で大幅な切りつめをするよりほかになくなるのです。下手をすると、第七章でみた戦後の日本の国内債務調整に近いような事態が再現されることにもなってしまいかねません。

そうなれば、ついに資本移動規制の強化や外国為替の固定相場制への復帰、厳しい外貨管理制度の復活、といった政策に手をつけざるを得なくなるかもしれません。そのような厳しい政策のもとでしか、日銀は引き続き巨額の国債を引き受け続け、市場原理や財政の実力に基づかない人為的な超低金利状態をそのまま継続することはできないでしょう。

しかしながら、この国はこれまで自由貿易と自由な資本移動の恩恵を最大限に活用しながら企業活動を活発に展開してきました。それこそが日本経済成長の源でもありました。

にもかかわらず、資本移動規制のような政策を導入せざるを得なくなれば、わが国の民間セクターにとっては致命的な影響が及ぶものと思われます。資本移動規制で外貨が国家に管理されることになれば、「成長戦略」どころではなく、産業の空洞化がさらに進展し、私たち国民にとっては、国内での貴重な雇用の場が失われることにつながってしまうのです。

中央銀行が金融政策運営の制御不能に陥るということは、国全体にとって、このような重大な事態を引き起こすことにつながりかねない、大変なことなのです。最近、巷ではやっているような「ヘリコプター・マネー」[*3]や「政府紙幣」[*4]といった議論は、こうした点に完全に目をつぶった無責任な議論だと私は思います。「日銀に無利子国債を持たせておけばよい」という考え方もあるようですが、まず、問題になるのは、政府が国債の利息を払えなくなることではありません。中央銀行である日銀が、今後、国内外の情勢変化に合わせて金融政策運営を行っていこうとするときに、自らの資産として抱えている巨額の国債についている金利があまりにも低過ぎる、ということなのです。「無利子国債」では「中央銀行の金融政策運営の制御不能」という大問題の何の解決策、回避策にもならないのです。

にもかかわらず、国内では、国全体があたかも、「ヘリコプター・マネー」の一歩手前のような「事実上の財政ファイナンス」というぬるま湯に、どっぷりつかってしまっているような状態が続いているのです。

日本がIMFの管理下に入る日

わが国のこうした政策運営をみて、ついに海外もこの国の行方を真剣に心配し始めたようです。

様々な国際機関のなかでもIMFは、〝リフレ派〟[*5]色の濃い安倍晋三政権の政策運営を最も強力に後押ししてきた国際機関であったように思います。そのIMFが、二〇一六年六月二〇日に打ち出した「対日4条協議終了にあたっての声明」では、昨年までとは打って変わって、日本経済が抱える中期的に深刻なリスクについても、表現は選びつつも、かなりの分量を割いて相当ストレートに指摘するに至っていることに驚かされます。[*6]

いずれはこの国も、IMFに支援を求め、その管理下に入らざるを得なくなる日が来るかもしれません。そうした際に、日本の財政運営に開くであろうバケツの穴は極めて大きく、IMFの支援では到底足りなくなるでしょう。そのときに国際機関からまず通告されるのは、これまで私たち日本の国民が、足もとの景気を維持するために逃げ続けてきた増税の必要性、ということになるのかもしれません。消費税を例にとっても、日本の税率が諸外国対比でかなり低い部類に入るのは事実です。

欧州債務危機の際に、ギリシャがEU各国から支援を受けるとき、支援を受ける側のギリシャの年金の支給開始年齢の方がドイツよりも低いことが判明して、ドイツ国民の強い怒りを買いました。結果的にギリシャはEU各国から支援してもらえる代わりに、放漫な財政運営を改め、社会保障の給付レベルもユーロ圏各国並みに下げることを厳しく求められました。わが国も、そのときはIMFや諸外国から同じようなことを言われるでしょう。国際社会とは、それほど「お人よし」でも、甘いものでもないのです。

「とりあえず現状維持で」という当局の気分

二〇一六年四月一二日付の朝日新聞朝刊のコラム「波聞風問」には、「アベノミクスの岐路「とりあえず現状維持」の怖さ」（原真人《まこと》編集委員）という記事が掲載されています。そこにはこうあります。

《ある仮説が浮かぶ。

異次元緩和では経済の好循環を生みだせなかった。それがはっきりしてきたのに当局は政策をやめようとしない。それは当面この状態が最も心地良いからではないか――。当局者たちが、将来リスクに目をつぶって目先の安定を求め、「とりあえず現状維持で」という気分になっていないとは限らない。

財務省や日銀の関係者に、その疑問をぶつけてみた。全員が「一刻も早く出口を迎える方がいいに決まっている」と言って否定した。ただ、何人かはこんな言い方で付け加えた。「一人一人はそう思っている。ただ、組織としては結果的に今の状態が楽だという気分になりかけている」

蓄積するリスクのツケは、いずれ国民に回る。だから、政権や当局にはそんな刹那《せつな》主義に陥ってもらっては困る。

とはいえ、少しでも景気が悪くなれば景気対策を求め、大胆な金融緩和を歓迎し、消費増税の延期を喜んできたのも、私たち国民なのだ。》

浪費する時間はもはやない

二〇一六年二月一七日、私は参議院の「国民生活のためのデフレ脱却及び財政再建に関する調査会」に参考人として出席する機会をいただきました。そこでお話ししたことは、本書の内容とほぼ同じ趣旨です。野党や公明党の議員の方々とは、いろいろと議論できたと思います。しかし、おそらく私に対して言われたのであろう自由民主党の議員の反応は「今日は余りぴんとこなかった部分がちょっとあって……」[*7]というものでした。

この調査会は、参議院で二〇一三年八月に設置され、三年間活動していたと聞いています。参考人質疑は二〇一五年から重ねられ、日銀からは黒田総裁や雨宮理事が出席した回もあったそうです。同調査会の報告書である、二〇一五年六月の『国民生活のためのデフレ脱却及び財政再建に関する調査報告』(中間報告)では、提言部分の主な項目として、次の三点が挙げられていました。

第一　量的・質的金融緩和の出口政策に係る検討の着手について

第二　内外市場の信認を得られる財政健全化計画の策定について
第三　潜在成長率の底上げに結び付く成長戦略の着実な実行について

ところが、その後、私の手もとに送られてきた、同調査会の最終報告（二〇一六年五月の『国民生活のためのデフレ脱却及び財政再建に関する調査報告』〈最終報告〉）をみると、提言部分の主な項目は、次の三点に変わり、ＱＱＥの出口戦略の話は消えてしまっていたのです。

第一　経済成長及び財政再建の一体的推進について
第二　租税特別措置、所得控除等の見直し等租税負担率の再検討について
第三　堅実な財政規律に基づく財政運営の推進について

そして、その後ほどなく参議院選挙（二〇一六年七月）が行われました。ところが、その際の自由民主党の公約における金融政策運営の書き振りをみてみると（図表８－６）、それまでの選挙公約では「大胆な金融緩和の推進」といった文言に加え、日銀法改正の可能性までちらつかせるという勇ましい書き振りであったものが、その参議院選挙の公約ではすっぽり抜け落ちていることがわかります。

国民の気づかないところで、先行きにこれほど大きなリスクを抱えるようになっている

図表8-6 近年の国政選挙での自由民主党の公約における金融政策、日銀法、政府・日銀の政策連携に関する記述

国政選挙		金融政策、日銀法に関する主な記述
2012年12月	衆議院議員選挙	明確な「物価目標(2%)を設定、その達成に向け、日銀法の改正も視野に、政府・日銀の連携強化の仕組みを作り、大胆な金融緩和を行います。
2013年7月	参議院議員選挙	第1の矢「大胆な金融政策」 第1に、デフレマインドを一掃することに挑みました。 今年(引用者注:＝2013年)1月の政府・日本銀行の共同声明に基づき、日本銀行は、2%の物価安定目標を設定し、マネタリーベースを2年で2倍にするという「量的・質的金融緩和」の導入を決定しました。
2014年12月	衆議院議員選挙	物価安定目標2%の早期達成に向け、大胆な金融政策を引き続き推進します。 デフレからの早期脱却に向けて欧米先進国並みの物価目標(2%)を政府・日銀の政策連携で定めましたが、国債市場の安定にも配慮しつつ、これまでとは次元の異なる大胆な金融緩和策を断行しました。引き続き市場の動向を注視しつつ、適時適切に対応していきます。なお、日銀法の改正については、将来の選択肢の一つとして引き続き視野に入れつつも、状況を注視してまいります。
2016年7月	参議院議員選挙	(金融政策、日銀法、政府・日銀の政策連携に関する記述は一切なし)

(資料)自民党『J-ファイル2012』、『参議院選挙公約2013』、『重点政策集2014』、『参議院議員選挙公約2016』。自由民主党/政務調査会『政策集2014 J-ファイル』を基に作成。

にもかかわらず、これがこの国の政権与党の対応、ということのようです。「政治」が、中央銀行の機能や金融政策運営の本当の難しさを理解しないまま、中央銀行の金融政策運営に介入してしまうと、その国の将来にとってどれほどの禍根を残すことになるのか、ようやく少しは気づき始めてくれているのでしょうか。

他方、野党の公約をみても、金融政策については、民進党が「マイナス金利政策」の撤回を盛り込んだ程度にとどまりました。日銀の「事実上の財政ファイナンス」に頼らなく

ても済むような抜本的な財政再建策を、具体策とともに国民に訴えるような野党は見当たりません。これでは与野党が完全な「相乗り」状態で「事実上の財政ファイナンス」にどっぷりつかってしまっているようにみえてしまいます。

ただ、次章のコラムで取り上げるように、実は最近、野党の議員を中心に、今この国が抱える大きな問題の根幹を捉えた議論が国会で始まりつつあるのも事実のようです。与党も野党側も、金融政策運営について自分たちがそれぞれどのような主張をしてきたのか、という思いはあるでしょう。与党にとって「大胆な金融緩和」はアベノミクスの「第一の矢」でしたし、旧民主党政権時代にも、経済財政担当大臣自らが白川前総裁時代の日銀の金融政策決定会合に出席し、大胆な金融緩和を迫っていたのです。

しかし状況は、そのような政治的闘争に時間を浪費することすら、もはや許されない段階にまで差しかかりつつあるように思います。国会の参考人質疑を通じて、動きの鈍い日銀に真剣な検討を促し、日銀自身が国会の場を通じて国民に真摯な態度で説明するよう要請し、何とか国の財政や経済全体の運営を、安定的に続けていくことができるようにしていただきたいものです。加えて、成長戦略は重要ではあれ、決して財政再建の代替策とはなり得ないことを肝に銘じ、これまで逃げ続けてきた社会保障制度、地方財政制度をはじめとするわが国の財政構造の抜本改革に、腰を据えて取り組むべきであると考えます。

註

＊1 特別会計に関する法律第四二条第二項の規定がそれに当たります。

＊2 ちなみに、FRBのフィッシャー副議長は、二〇一五年二月の講演の際、これまでのFedのLSAPによって、米国の長期金利は▲一一〇bp（＝一・一パーセント）程度は少なくとも抑えられている、との見方を明らかにしています。

また、ECBのコンスタンシオ副総裁は二〇一五年一〇月、香港での会合で、「米国の利上げはおそらく過去を上回る影響を世界的に生じさせるほか、米国市場よりもユーロ圏に一段と大きな波及効果を及ぼす可能性がある」と述べています。

＊3 中央銀行が政府から国債を直接、引き受ける（＝「財政ファイナンス」を行い）対価として、お金を世の中にばらまくこと。

＊4 中央銀行が独占的に通貨を発行するという機能を否定し、政府が直接、紙幣（通貨）を発行す

ること。大久保和正「政府紙幣発行の財政金融上の位置づけ　実務的観点からの考察」二〇〇四年、参照。このほか、中央銀行は政府と一体化させて「統合政府」とみなせばよい、というのも「政府紙幣発行の財政金融上の位置づけ」と同じ考え方だといえます。

＊5　経済政策運営上、景気の押し上げ、経済成長促進を最優先させる考え方をとる一派のこと。合わせて、中央銀行による大胆な金融緩和を実施すべきと主張することが多い。"reflate"は、経済を膨張・加速させる、あおる、ふかす、という意味。

＊6　詳しくは河村小百合「理解ありし国際機関からの警告」『円債投資ガイド』時事通信NX－WEB、二〇一六年七月一一日、参照。

＊7　『第百九十回国会　参議院国民生活のためのデフレ脱却及び財政再建に関する調査会会議録第三号』一〇ページ。

第九章　なぜ掟破りの政策運営は〝放置〟されてきたか

メディアの報道は果たして的確なのか

ところで、これほどの問題が、新聞やテレビではほとんど取り上げられず、報道されていないのはなぜなのでしょうか。

私は、民間シンクタンクで経済調査の仕事に長らく携わっており、主に財政や金融の分野、とりわけこの両者が重なるような分野でペーパーを書き、それを土台に様々な仕事をさせていただいてきています。二年ほど前からは、日銀のＱＱＥを含む、各国の中央銀行の「非伝統的な手段」による金融政策運営についても書いてきました。

新聞社や出版社、テレビ局といったメディアの方々と、様々な折に接触したり、ご一緒に仕事をさせていただくこともあります。例えば、私の職場では年に数回ほど、様々なメディアの記者の方々を対象に、自分が調査に取り組んだテーマについてプレゼンをさせていただく機会があります。約二年前になりますが、そこでこの「非伝統的な手段による金融政策運営」の話を初めてさせていただいたとき、記者の方々の反応が、過去に財政問題などを取り上げてきたときとは少し違うように感じました。どうも、話がよく通じていないようなのです。終了後のアンケートでも「今回の話はムズカシめでした」とか「もっと時間をとって、飛ばさずゆっくり説明してほしい」というお声もいただいてしまいました。

これとは対照的な経験をしたのが、民間金融機関の幹部の方々に数回ほど、主要中央銀行の最近の金融政策運営や出口戦略の話をさせていただいたときです。「釈迦に説法」は不要と考え、短期金融市場や金融調節のイロハ的な話はもちろん飛ばして本題に入りましたが、こちらがお伝えしたいと思ってお話ししていることが、すうっと吸い込まれるように伝わっていくのが、お顔を見ながらお話ししていてもよくわかりました。記者の方々にお話しさせていただいたときとは全然違う雰囲気です。あとで「最初からこういう金融政策運営はおかしいと感じていたが、いずれ最終的には中央銀行がこういう事態に陥るということなのだと、よくわかって納得した」といったコメントもいただきました。

記者から投げかけられた三つの質問

その後、このテーマで様々なメディアの方々とご一緒に仕事をさせていただくようになったとき、記者の方から私に投げかけられた質問は、たとえば次のようなものでした。

「中央銀行は、そもそもどうやって資金調達するのですか？」

「日銀が抱える超過準備が多過ぎて、いずれ付利の引き上げ誘導をせざるを得なくなったときに逆ざやになって困るなら、日銀は自らの負債を、民間銀行の当座預金などではなく、全部、銀行券にしてしまえばよいではないですか？」

なかには「中央銀行である日銀は、いくらでも自分でお札を刷ればよいのだから、何をやっても大丈夫なはずではないのですか？」という質問までありました。

これらはすべて、若手の記者の方からではなく、デスク以上の、各社内でも責任あるお立場の方々から受けたものでした。もちろん、こちらが丁寧にご説明すれば、ご理解いただけるようになります。

それぞれの質問に対して、私なりに説明すればこうなります。

一番目の質問については、中央銀行は、世の中に最初にお金を供給する存在なので、やることとの順番が民間銀行とは逆になります。まずオペなどで市場から資産を買い入れる形で、市場に資金を供給するのです。

第二の質問は、中央銀行の量的緩和からの「出口」問題の話をさせていただくと、メディア以外の方からもよく聞かれるものです。銀行券、現金、というのは、民間銀行、もしくは中央銀行である日銀が、私たち国民に対して、家計や企業に対して、「〇〇円だけの金額を保有しなさい」と強制できるものではありません。現金通貨というのは、私たちの家計や企業が、それぞれそのときどきで手もとに必要な額を自分たちの預金から引き出すことによって、世の中に出回る金額が決まってきます。

ですから、銀行券の発券残高とは、大ざっぱに考えれば、そのときどきの世の中全体の経済活動の規模、言い換えれば名目ＧＤＰの大きさに応じて決まってくるもので、日銀や民間銀行がコントロールできるものではありません。このことは、裏を返せば、日銀がいったん巨額の日銀当座預金（超過準備）を抱えてしまうと、あとあとその扱いに本当に困ることになってしまうのです。

「いくらでもお札を刷れるから」という誤解

そして三番目の質問です。正確には、銀行券を印刷するのは独立行政法人の国立印刷局、貨幣を鋳造するのは同じく独法の国立造幣局ですが、それは置いておきます。円というこの国の通貨を、バランス・シートの負債側に立てて、世の中に供給するのは、中央銀行である日銀の機能です。「いくらでも刷れるから」というのは「いくらでも負債側に立てて供給すればよいから」という意味なのでしょう。二〇〇八年の金融危機以前、かつて日銀を含む各中央銀行が、自らの負債に一切利子をつけずに済んでいた時代、政策金利の上げ下げを手段に金融政策運営を行っていた時代には、確かに、そう言えなくもない側面もあったかもしれません。

中央銀行の場合、本来、負債には一切コストがかからない、というのが、資産と負債の利ざやで基本的に稼ぐ民間銀行との大きな違いです。ですから、中央銀行の収益とは、金利の水準次第ではときに大きなものとなり、かつては「王様のお財布」として重宝されていたほか、今日では、どこの国の中央銀行でも、通貨発行益は、必要経費を差し引いた残りはすべて国庫に納付するのが普通です。日銀も毎年度、国の一般会計に、納付金を収めています（前掲図表8－1）。「いくらでもお札を刷れるから」というのは、このような状況を指しているようです。

こうした状況下では、確かに、中央銀行が簡単に倒れるようなことはありませんが、世の中へのお金の供給が過多になればインフレが進行し人々の生活が苦しくなるという結果に必ず至る、というのが歴史的な経験から各国で共有されてきた教訓であったわけです。

日銀が当座預金の付利を上げていかざるを得なくなるとき

しかし今では、別の問題も懸念されます。

現在のようなマイナス金利、ゼロ金利状態が永続するはずはなく、いずれは金利を少しずつ上げていかざるを得なくなります。そうなれば、抱え込んだ巨額の当座預金すべてにつける金利を引き上げることになり、それが万一、日銀が資産の方で抱え込んでいる国債などの金利を上回るようになったとき、日銀は逆ざやとなって債務超過にならざるを得なくなる、というのは第七章で説明したとおりです。

最終的には、中央銀行としての金融政策運営が制御不能な状態に陥り、インフレの進行を止められなくなるかもしれません。要するに、今のような状況下ではインフレの進行を止められなくなる以前に、中央銀行自身がその財務運営上、自力で立っていられなくなってしまう可能性が高くなってしまっています。「中央銀行は、いくらでもお札を刷ればよいのだから大丈夫」などとは到底いえない状況にすでに陥っているのです。

メディアの記者の方に限らず、その他の分野で働く方々も含め、わが国でこれだけ超金融緩和状態が長期化してしまうと、とりわけ若手の方々は「金利がつく世界」や「短期金融市場の資金需給がキッツキツの状態で、民間銀行同士が取引したり日銀がオペをかけて市場金利を誘導する」場に居合わせたり、そこに実際に交じって取引を経験する機会がないわけです。そんななかで、かつての金融調節を理解してもらうことは、なかなか大変なことなのかもしれません。これも超金融緩和の長期化がもたらした大きな弊害の一つなのでしょう。

そして言えることは、金融政策運営や中央銀行の機能に関して、大方のメディアの認識は依然、このようなレベルにあるようだ、ということです。最近では少しずつ理解が進み、問題の所在を突いた報道もだんだんみられるようにはなってきました。ただ、それはまだまだ、メディアのなかでも金融や市場に近い媒体や部局による発信が中心で、全体としては報道のごく一部にとどまっているようです。

財務運営リスクの問題に一切触れない日銀

その最近の一例として、二〇一六年五月二七日に、日銀が二〇一五年度の決算を発表した際の在京主要六紙（日経、読売、朝日、毎日、産経、東京）の報道をみてみます。これを記事として取り上げたのは、わずか三紙にとどまりました。報じなかった三紙では、おそらく新聞社全体として、日銀の財務運営が今後大きな問題になり得る、ということが認識されていなかったのだろうと推察できます。

実は最近、国会では野党側による参考人質疑を通じ、日銀のＱＱＥが抱える深刻な問題点に関して、少しずつではありますが議論されるようになりつつあります。しかしながら、それに関する主なメディアの報道は皆無に近い状態です。これでは国会でせっかく質疑が行われていても、国民が知ることはできません。実際にどのような質疑が行われているのかは、章末のコラムに記しましたのでごらんください。

このほか二〇一六年九月に日銀が行った「総括的検証」においても、日銀は、この自らの財務運営リスクの問題には一切触れることなく、それまでの政策運営を検証し、先行きの金融政策運営を決める、という姿勢で押し通しました。しかし、そうした姿勢を問題として指摘するメディアはほとんどありませんでした。

各社の報道はもっぱら「二パーセントの物価目標を柔軟化した」とか「マイナス金利の深掘りをしなかった」「民間金融機関の収益悪化に配慮した」「外債の購入にまでは踏み切らなかった」といった、現時点で目にみえる問題や課題に関するものばかりでした。「日銀が長期戦に入った」と報道しながらも、そのような金融政策運営で果たして日銀自身の財務運営上、長期戦に耐えられるものなのかどうか、という点を突いた報道はほとんどみられなかったのが実態です。主要なメディアの報道振りがこれでは、現在の日銀の金融政策運営の背後に、国の行く末にかかわるような重大な問題が隠されているとは、国民はなかなか知ることはできないでしょう。

そして、このような報道振りに、この問題に関する現在のメディアの認識の度合いが垣間見えるような気がします。もしかしたらQQEが開始されてからすでに三年半あまりが経過した現時点においても、わが国のメディア全体としては総じて、未だに「日銀はいくらでもお札を刷れるから大丈夫」レベルの認識でいるのかもしれません。

こうした状況を鑑みると、通常、報道によって情報を得る側にいる国民の立場からは、この問題について「新聞もテレビでもほとんど報道されていないから大丈夫」とは思わない方がどうもよさそうです。

金融界と学会との知見の乖離《かいり》

金融政策運営や中央銀行の機能がなかなか理解されていない――これはメディアの関係者に限らず、民間金融機関の関係者を除き、国全体に通じる実情のようです。メディアがしっかりと報道してくれない以上、国民の側からは、どうしようもないのかもしれません。そうした国民の無理解をよいことに、今の日銀は、これまでの政策運営に端を発する先行きの問題点に関する説明から逃げ続けているようにも私にはみえます。本来これは、当局として国民に対して誠実に説明すべき事柄のはずです。

では、この国で今、中央銀行の機能や金融政策運営が、メディア関係者や広く国民一般に理解されていないのはなぜか。その理由は、大きく考えて二つあるように思います。

第一には、大学で学生が学ぶ金融論と、現実の金融市場や中央銀行の金融調節の世界との間に、今もなお、相当な乖離が残っているように見受けられることです。この点については、白川方明[*1]［2008］や翁《おきな》邦雄[*2]［2013］、C・ボリオ他[*3]［2016］にも、同様の指摘がみられます。また、学界から日銀入りして二〇一六年三月までの五年間、審議委員を務めていた白井さゆり氏も、二〇一一年七月の国会での参考人質疑の際に、これに関連する所感を述べています。[*4]ちなみに、民間金融機関出身で、現在、大学で教鞭《きょうべん》をとられている知り合いの方にお尋ねしたところ、この方の金融論の講座では、伝統的な理論と同時に、主要中央銀行が近年、実際に行っている金融政策運営の両方を教えている、とのことでしたが、このような指導を受けられる幸せな学生は、まだ少数派なのかもしれません。

学界と実務との乖離を最も端的に表しているのが、前掲の図表1－2で示した、ゼロ金利下におけるマネタリーベース（中央銀行から民間金融機関にまず供給されるお金）とマネーサプライ（民間銀行から世の中に対して供給されるお金）との関係、ひいてはそれらと、物価上昇率との関係をどう理解するか、という点でしょう。

このグラフで観察されるマネタリーベースとマネーサプライの関係は、金利がプラスの世界、言い換えれば、金融論の教科書的な世界とは明らかに異なります。自然科学の分野で仕事をされている方が聞いたら、おそらく相当、驚かれるのではないかと思いますが、社会科学ゆえ、研究室のなかで実験することができない金融政策運営の実践に基づいて得られたこのような知見――グラフで図示すればこの程度のシンプルで誰にでも明らかに理解できそうな事実――を、今もなお中央銀行を中心とする実務界と学界全体は共有できるまでには至っていないようなのです。そして、こうした「知見」を受け入れようとはしない「リフレ派」の人々が、この国の金融政策運営に、極めて強い影響を及ぼしています。

中央銀行の先行きの金融政策運営に一切言及しないリフレ派

国内外の「リフレ派」の人々の議論に共通する特徴は、現下の日銀のような政策運営を行った中央銀行が先行きいったいどうやって機動的な金融政策運営を行っていくのか、財務運営上の問題をどう乗り切るのか、という点について、一切、言及していない点にあると思います。[*5] この点は、国際決済銀行（ＢＩＳ）のＣ・ボリオ金融経済局長も指摘しています。[*3] ちなみに、こうした「リフレ派」の主張をする海外の学者の場合は、確信犯的な部分もあるようですが、中央銀行の機能を否定し、いつまでたっても自分達の手で財政再建できない日本のような国の中央銀行など、もうどうなっても仕方がない、極端なインフレで問題を解決するしかないのだから自業自得だ、と思っているようなフシもあるようです。

もうだいぶ前の話になりますが、私自身が社会人になってからしばらくの経験を、自分のみならず周囲の姿も含めて振り返ってみれば、目の前に開けたのは、大学の『金融論』とは全く別の世界、いくつもの金融市場、様々な市場参加者が複雑に絡み合い、世界全体が連動して動くような世界でした。私のみならず、周囲も含めて、就職先が民間金融機関か当局かを問わず、駆け出しの頃に頼りになったのは、『金融論』の教科書ではありませんでした。

海外の中央銀行が出している金融政策運営や中央銀行の機能の解説書、具体的にはFedが出している"The Federal Reserve System Purposes & Functions"（連邦準備制度目的と機能）[*6]や、ECB発足前のドイツ連邦銀行が出していた"Monetary Policy of the Bundesbank"（ブンデスバンクの金融政策）[*7]、和書では、金融市場の実務の世界を詳しく解説した『東京マネー・マーケット』[*8]といった本だったのです。そして、私はエコノミストの立場ではありますが、最大の勉強の材料となったのは、何よりも日々の業務を通じ、実際の市場変動とそれに応じた各プレイヤーの動き、当局の政策運営をいわば〝生〟でウォッチできたことであったように思います。

このように、金融業界に身を置くことができれば、否が応でも、大学の『金融論』とは別の現実の金融の世界とはどのようなものなのかを、身をもって知ることができます。学界を別にすれば、いわゆる「リフレ派」が、金融機関関係者には少なく、官界には相対的に多いように見受けられるのは、「実際の金融の世界の動きを、身をもって経験できたかどうか」という違いが背景にあるのではないでしょうか。また、メディアの関係者が、金融記者クラブに長期間在籍しているベテランなどを除けば、金融政策を理解しにくいように見受けられるのも、同じ理由が背後にあるのかもしれません。

最近では次のような点も気になります。日銀は二〇一五年、先行きの収益悪化に備えた引当金の制度創設を財務省に申請し認められました。この引当金が先行きの金融政策運営上のどのような事態に備えたもので、果たして十分なのか、財務省との間できちんと協議できていたのでしょうか。財務省は国の予算運営を統括するのみならず認可法人である日銀の監督官庁でもあります。きちんとした対外的な説明をしようとしない日銀に対して、厳しく問い質すことができていたのかどうか、やや疑問が残ります。二〇一六年三月、麻生財務大臣が実際にこの点を国会の質疑で問われたとき、その回答は、「出口の問題は日銀の責任でやっており、財務省の所管するものではない」という心もとないものでした（後掲コラム参照）。

以前から問題だらけの日銀の説明姿勢

この国で、中央銀行の金融政策運営がなかなか一般には理解されにくい理由の第二には、日銀自身の金融政策運営に関するこれまでの説明姿勢が挙げられます。これは現体制下に限ったことではなく、それ以前から通じる問題だと思います。

すでに述べたように、海外の主要中央銀行は以前から、自らの金融政策運営上の考え方やその実践、中央銀行の機能などについて解説した書籍を発行しています。今の時代なら、わざわざ書籍を取り寄せなくても、ＰＤＦファイル版を、いつでも、誰でも、どの国からでもダウンロードできるようになっています。Ｆｅｄの『連邦準備制度　目的と機能』の初版は何と一九三九年ですが、現在は二〇〇五年に刊行された第九版が最新で、ＦＲＢ

（連邦準備制度理事会）のホームページの「最もよく請求される刊行物」（Most Requested Publications）のコーナーにアップされています。

これは、金融危機到来前のものですが、Ｆｅｄ自身の金融政策運営に関する考え方のみならず、市場や外部からのＦｅｄの政策運営に対する見方に関連する話題として、テイラー・ルール[*9]の説明まで書かれており、いかに利用者の目線に立った説明が心がけられているかがよくわかります。また、その後のＦｅｄの金融政策運営の変化に関しては、ＬＳＡＰからの正常化戦略のあり方も含めて、ディスカッション・ペーパーの形態での説明なども交えつつＦＲＢの首脳陣が積極的に説明していることは第五章でも述べたとおりです。

大西洋の反対側のＥＣＢも同様です。同行は、一九九八年の発足後"The Monetary Policy of the ECB"（欧州中央銀行の金融政策）を発行し、初版は二〇〇一年[*10]、その後二〇〇四年の改定をはさみ、現在では二〇一一年版が最新となっています。ＥＣＢの金融政策運営上の目標の設定や運営戦略の考え方、実際の手段の使い方や政策金利の設定、日々の金融調節の実際に至るまで、図解なども用いながら、たいへんわかりやすく書かれ、英語も平易です。いつでも誰でもＷＥＢ上でダウンロードできるようになっているのはＦｅ ｄと同様です。

これに対して日銀はどうでしょうか。日本銀行としてではなく、日本銀行金融研究所から、『日本銀行の機能と業務』（有斐閣、二〇一一年）が刊行されています。金融研究所の方のＷＥＢ上でアップされていますが、日銀本体のＷＥＢからのリンクはなぜかありません。

これは、タイトルを見ると、いかにもＦｅｄの『連邦準備制度　目的と機能』になららっているかのようですが、その内容はだいぶ違うようです。「第五章　金融調節」を読んでも、日銀が日々どのようにして金融調節を行ってきたのか、相当わかりづらいように思います。これまで金融の世界である程度働いてきた私ですらそう感じるのですから、日銀の金融政策運営に関して、基礎知識を得たい学生やメディアの若手記者の方々は、これではなお一層「だから金融政策はわかりにくい」と感じてしまうのではないでしょうか。

そして驚くべきことに、この本には、中央銀行自身による解説書としては、金融調節の説明の前に来て然るべき「物価目標の設定の考え方」や「金融政策運営上の戦略の考え方」「政策金利を日銀として何本、どのような考え方に基づき設定しているのか」といった解説が一切ないのです。これでは、金融政策運営について初心者に理解してもらうことは、到底無理なのではないでしょうか。個人的には、金融政策や金融調節を理解したいと思うのであれば、前出の『東京マネー・マーケット』の第一章あたりの説明の方が、はるかに役に立つのではないかと感じます。

ちなみに日銀本体のWEBページ上にあるのは、「日本銀行　その機能と組織」という一六ページ構成のパンフレット、これはあくまで日銀の見学にきた方々に配るような資料に過ぎません。それ以外には「教えて！にちぎん」とか「日本銀行の金融調節を知るためのQ&A」というような細切れの解説がアップされているのみです。この程度の説明では、実際の金融調節がどのようなものか、中央銀行のバランス・シートがどのように運営されるものであるのかを、例えば大学の学生、メディアの方々に十分に理解してもらうことはまず困難なのではないかと思われます。

日銀の対外的な説明や解説の姿勢がこのような状況では、学界と知見をなかなか共有できずにいるのも当然かもしれません。また、メディアの方々に金融政策運営について理解してもらえず、この国でなされる金融政策の報道が、ともすれば物価の高低や為替レートの円高・円安と金融政策運営スタンスの関係といった、表面的な事象に関するものばかりになってしまうのも、やむを得ない面があるように感じます。

現在の金融政策運営が将来に向けて抱える深刻な問題は、そもそも中央銀行が「平時」にどうやって金融政策運営を行っていたのかを知らないと、なかなか理解しにくいもののようです。それゆえ、今、問題がどんどん大きく膨らみつつあるというのに、メディアはあまりこれを報じず、結果として何も国民は知らされぬままなのです。

今の日銀に財政再建を語る資格なし

さらにいえば、日銀が「金融政策運営に関する公式の見解」を、対外的にわかりやすく説明する前の段階として、そもそも組織として正式に決定できていなかったのではないか、という問題も挙げられるように思います。

例えばECBであれば、金融政策運営戦略として、「安定志向の二本柱アプローチ」を採用すると二〇〇三年五月の政策委員会で決定し、今日に至っています。「二本柱」とは、経済分析と金融分析の両方のアプローチで分析するという意味です。組織としての決定ですから、総裁ほか政策委員会のメンバーが交代しても、皆、もちろんこれに従っています。今でも、毎回の政策委員会後の記者会見において、ドラギ総裁は冒頭必ず、当日の政策委員会において、この二つの側面からどう検討したのかについてまず説明し、その結果、どのような政策判断に至ったのかを明らかにしています。

加えてECBの場合は、二〇〇三年五月に金融政策運営戦略を検討する際、選択肢には含めつつも、実際には採用しなかった戦略について、どういうものがあり、採用しなかった理由は何か、ということまで含めて、先述の"The Monetary Policy of the ECB"（欧州中央銀行の金融政策）のなかで明らかにしています。[*11] 具体的には、①マネタリー・ターゲティング（マネタリーベースやマネーサプライといったマネー関係の指標をターゲットに金融政策運営を行うこと）、②直接的なインフレーション・ターゲティング（「消費者物価前年比〇パーセント」といった物価目標を達成するために、機械的に金融政策運営を行うこと）、③為替レート・ターゲティング、以上の三つを、ECBはその組織としての決定として「不採用」としているのです。

そこで仮に、黒田総裁が日銀ではなく、ECBの総裁に就任していたらどうなっていたと考えられるでしょうか？　黒田総裁が当初、掲げていた「二年で二パーセントという物価目標の達成」のために、「マネタリーベースの供給額（当初は年六〇～七〇兆円、その後は八〇兆円）」を目標とする金融政策の運営戦略は、ＥＣＢが組織として決定している「安定志向の二本柱アプローチ」にはそぐわず、不採用とした「マネタリー・ターゲティング」や「直接的なインフレーション・ターゲティング」に該当してしまいます。

採用する戦略を大きく変更するのであれば、その前にまず、ＥＣＢという組織として、最低限の一定の時間はかけて検討を尽くしたうえで、政策委員会で議論し決定することが必要になります。新総裁の着任後わずか二週間で、重要な金融政策運営戦略が大きく変更されてしまうということは、二〇一三年四月の日銀では、はからずも可能となってしまいましたが、今のＥＣＢではその組織の設計上、また実際の運営上、そのようなことは絶対に不可能なのです。

このように、日銀が従来から「金融政策運営に関する公式の方針・見解」を組織として決定することも、対外的に説明することもできていなかったことが、今のような事態を招いてしまった背景の一つでもあるように思われます。

ＥＣＢとの比較でさらに言えば、日銀の場合は従来から、政府に対する財政運営の規律づけの必要性の認識がどうも甘い、という点も挙げられるように思います。歴代の日銀の首脳陣が政府にこの文脈で物を言うとき、「財政再建が重要」とか、「財政健全化すべき」など、この四字熟語・五字熟語で促すか、あとは「消費税率を予定通りに引き上げるべき」と言うのがせいぜいで、それ以上に踏み込んで促すのを聞いた記憶はほとんどないように思います。

これに対してＥＣＢの首脳陣は、具体策も含めて、もっと踏み込んで各国政府に財政健全化を促しています。最近の例を挙げれば、ＥＣＢは二〇一六年一月に「独立財政機関、中央銀行と健全な財政運営」というワークショップを開催し、そこではクーレ理事が、「独立財政機関」についての講演[*12]を行っています。「独立行政機関」とは、本書の第三章でも諸外国における財政再建達成のための工夫の一つとして説明したものです。日本に置き換えれば、日銀が独立財政機関に関するワークショップを開催し、審議委員ないしは理事が「内閣府が通常作成している政府の経済・財政見通しでは甘過ぎて問題だから、独立財政機関を設けて、そこに客観的な経済・財政見通しを策定してもらうべきだ」と政府に物申すようなものです。中央銀行の政府に対する姿勢に、日欧で大きな落差があることが、こうした例にもよく表れているように思います。

また、ＥＣＢでは財政問題に関するリサーチ活動も極めて活発で、従来から、前述のようなカンファレンスに限らず、数多くの論文を公表しています。こういうリサーチ活動の積み重ねこそが、中央銀行の組織全体として、各国政府の財政運営に対して厳しい姿勢を貫くうえでの基盤となっているのでしょう。最近公表されている一例を挙げれば、二〇一六年五月に刊行されたＥＣＢの Economic Bulletin の同年第三号には「ユーロ圏における政府債務の削減戦略」という論文[*13]が掲載されています。これに対して日銀の場合は、財政問題に関する論文類は、今に始まったことではなく従来から一貫して、ほとんど見当たらない状態です。

これでは、政府の財政規律が緩むのも、この国がこういう状態に陥ってしまうのも、さもありなん、という感じがします。加えて、現在の日銀は、近い将来から、政府に毎年度、数兆円単位の財政補塡をしてもらわなければ、機動的な金融政策運営は行い得ない状態にすでに陥っているにもかかわらず、その点については一切、口を閉ざしたまま、という状態にあります。一般会計の税収が、よくて六〇兆円しかないこの国で、四〇兆円の大台を超えて増え続ける社会保障費をこの先、どうやって工面しようかと皆が困っているときに、「今後新たに、毎年度数兆円単位の中央銀行への財政補塡が発生しかねない」ということがどういう意味を持つのか。現在の日銀には、もはや、政府に財政再建を促す資格などないでしょう。

註

＊1　白川方明［2008］は、『現代の金融政策　理論と実際』「第13章マネーサプライの位置付け」の「13・1　金融政策分析の出発点」（二五八～二六〇ページ）参照。

＊2　翁邦雄［2013］は、『金融政策のフロンティア　国際的潮流と非伝統的政策』第2章の「2・1・4　教科書的モデルとの違い」（四七～四八ページ）参照。

＊3　C・ボリオ（国際決済銀行金融経済局長）、P・ディスタヤット（タイ中央銀行エクゼクティブ・ディレクター）の日本経済新聞二〇一六年九月五日付の寄稿「ヘリコプターマネー機能するか

効果は一時的、大きい弊害　金融制度の信頼失う恐れ」参照。

＊4　白井さゆり日本銀行審議委員（当時）は、二〇一一年七月一三日の衆議院財務金融委員会における参考人質疑のなかで、次のように発言しています（質問者は山本幸三衆議院議員。第百七十七国会衆議院財務金融委員会会議録第二十七号一三〜一四ページ）。

私の正直な、審議委員に就任して三カ月ちょっとになりますけれども、私が今実感していることを申し上げます。

一つは、金融政策というのを考えるときは、大学で私は教えていましたけれども、大学のマクロ経済でいうシンプルな金融政策とはちょっと違うということですね。金融政策を判断していくには、大量な情報、それからヒアリング、そして日々のマーケットの動きというものを見て、非常に大変な時間がかかるんですが、そういったところで理解をしてやっているということです。ですから、そこにはやはり相当な情報を受けて、その上で判断しているということを申し上げたいんです。

＊5　安倍政権が二〇一六年三月二二日に開催した「国際金融経済分析会合」の第三回に出席したクルーグマン・ニューヨーク市立大教授は、一九九八年に日本の不振と〝流動性のわな〟に関する論文（Paul Krugman［1998］）を執筆し、「中央銀行による〝期待への働きかけ〟によって、デフレから脱却できる」というその主旨は、日銀がQQEに踏み切るのに際して、〝リフレ派〟の拠りどころとなったことが知られています。ところがそのクルーグマン教授は、二〇一五年一〇月、自らのブログに「日本再考」（Rethinking Japan）と題した論考（Paul Krugman［2015］）を掲載し、

日銀のQQEによる金融政策運営と日本経済の状況に鑑み、考えを変えたことを〝あっけらかんと〟明らかにしました（詳細は河村小百合「リフレ派の変節」二〇一六年五月参照）。「日本のデフレはかつての自説のような需給ギャップによるものではなく、人口動態によるものであることがわかった」「期待に働きかける金融政策運営は、人口動態を主因とするデフレには無力であった」などと同教授は述べています。しかし、クルーグマン説を「信じる」形で日銀がQQEを進めてきた結果として抱えるに至った「巨額の国債」や「巨額の超過準備」と今後、どう折り合いをつけて金融政策運営を行っていけばよいのか、同教授は一切、明らかにしていません。

＊6　今は絶版になっているようですが、かつては邦訳が出ていました。米国連邦準備制度理事会著『米国連邦準備制度　その目的と機能』日本銀行米国金融市場研究会訳、一九八五年。

＊7　邦訳も出版されていました。『ドイツ連邦銀行　金融政策上の課題と政策手段』葛見雅之・石川紀訳、学陽書房、一九九二年。

＊8　この本は、ロングセラーなのでしょう、版を重ね、今では第七版が刊行されています。東短リサーチ編／黒田啓征・加藤出（編集代表）『東京マネー・マーケット（第7版）』有斐閣、二〇〇九年。

＊9　Ｆｅｄが金融政策運営上、政策金利と位置づけてきたFFレート（日本の無担保コール０／Ｎレートに相当）の実際の動きを事後的に分析すると、①米国経済の需給ギャップの変化と、②米国内のインフレ期待の変化、という二つの要因でほぼ説明できるという、テイラー教授が提唱した説（ルール）のこと。当時は、Ｆｅｄの先行きの金融政策運営を占ううえで、米国内外の市場参加者

やエコノミストによって、さかんに用いられていた手法。

*10　初版は邦訳も刊行されています。欧州中央銀行著『欧州中央銀行の金融政策』小谷野俊夫・立脇和夫訳、東洋経済新報社、二〇〇二年。

*11　二〇一一年版であれば、七〇～七一ページの“Box3.3 Alternative monetary policy strategies”もしくは拙著（『欧州中央銀行の金融政策』金融財政事情研究会、二〇一五年）の一〇八～一一六ページを参照。

*12　Benoît Coeuré, “The importance of independent fiscal councils”, Opening remarks at the workshop on “Fiscal councils, central banks and sound public finances”, Frankfurt am Main, 27 January 2016. なお、この講演でクーレ理事は、特定の国名を挙げることはせず、ユーロ圏各国政府として取り組むべき方向性との位置づけで議論を展開しています。

*13　ECB, “Government debt reduction strategies in the euro area”, *Economic Bulletin*, issue 3/2016, May 2016.

【コラム：最近の国会での議論】

二〇一五年頃から、国会では、日銀のＱＱＥによる金融政策運営や、さらにはそれと政府との関係などに関する突っ込んだ質疑が行われるようになっています。これらはすべて国会の会議録のＷＥＢページで検索して読むことができます。

これらの質疑に関する国内の主要メディアによる報道は、ほとんどなされていない状態にあり、主要メディアの電子媒体や、一部の通信社が、その内容のごく一部を扱う程度の報道を行っているのに過ぎないようです。

以下では、国会の会議録から、そのような質疑の一部を抜粋（質問の一部は筆者が要約）し、読者の参考に供したいと思います（いずれも傍線部は筆者）。

麻生財務相「出口の問題は日銀の責任でやっており、財務省の所管するところではない」

《二〇一六年三月一〇日　参議院財政金融委員会》

（出所は、第一九〇国会　参議院財政金融委員会会議録第三号）

質問者は小池晃参議院議員（日本共産党）で、参考人として出席した黒田東彦日本銀行総裁、およびび麻生財務大臣に対する質疑の一部を抜粋

（日銀は、異次元緩和の出口のコストの試算を内部では当然やっていなければおかしいが、どうなのか、との質問に対して）

○参考人（黒田東彦君）　いわゆる出口の際に実際に日本銀行の収益がどうなるかというのは、御案内のとおり、どのような手段をどのような順序で進めるかという進め方に加えまして、その時々の金利情勢などによって大きく変わり得るものでございます。

したがいまして、観念的にいろいろなことは検討されるわけでございますけれども、それはあくまでも実際の出口の際の手段、順序そして金利情勢などによって大きく変わり得るものでございますので、現時点で具体的にお話しすることは適当でないと考えております。

その上で、従来から申し上げておりますとおり、量的・質的金融緩和あるいはマイナス金利付き量的・質的金融緩和の下での国債の買入れ、これは政策を推進していく過程では日本銀行の収益を押し上げる一方で、いわゆる出口の局面では収益を押し下げる性質を一般的には持っております。

そこで、日本銀行では、収益の振れを平準化し財務の健全化を確保するという観点から、御指摘のような点も含めて一部を積み立てるということをやっておりまして、さらに、将来、収益が下振れる局面で取り崩すことができますように、昨年、政府に関係政省令を改正していただきまして、引当金制度を拡充したところでございます。

（FRBは当初から出口コストについての試算を発表し、国庫納付金の減少懸念も明らかにしている。日銀も、今、検討している中身をちゃんと説明すべきではないか、との問いに対して）

○**参考人（黒田東彦君）** 確かに、FRBは出口戦略の原則であるとか、あるいは収益シミュレーション等を発表したことは事実ですが、御案内のとおり、実際の出口戦略は事前に言っていた出口戦略と全く逆になっております。

そういったことで、そういったものを余り早く、まだ出口に差しかかって、出口が具体的に検討されていない段階で、いろんな状況によって具体的な出口の手段とか順序も変わりますし、それの収益への影響も変わるわけですので、そういった不確実でどっちに行くか分からないようなことを余り早く言うというのは、かえって市場に対して不安定さをもたらしてしまうおそれがありますので、出口について具体的にお話しすることは適当でないと申し上げているとおりでありまして、したがいまして、出口のところでの収益の状況についても具体的にお話しするのは適当でないと思っております。

（大規模緩和が延々と続いて、一向に出口が見えない、一向に効果が見えないという状況のなかで、国の財政に何兆円も穴を空ける可能性、危険性がある状況にもかかわらず、この日銀の姿勢のままでよいのか、という問いに対して）

○国務大臣（麻生太郎君）……最後のところはお聞こえにならなかったという話ですか。そう今聞こえましたので、確認しますけど間違いありませんね。（発言する者あり）という質問をいただいたと、それで間違いありませんね。（発言する者あり）そうですか。

出口のことにつきまして、このことにつきましては私どもの所管するところではなく、日本銀行の責任でやられているということを申し上げたと存じます。

（出口の問題が財政にとって大変な問題になる、国庫納付金がゼロになるかもしれないと言われているなかで、財政当局としては見て見ぬふりをするのか、という問いに対して）

○国務大臣（麻生太郎君）……今のお話ですけれども、国庫納付金が減るという点もありますけれども、我々としても、先ほど申し上げたように、プラスの面もありますので、今の段階で一概にそういった見解は、今の段階から軽々しく言うべきではないと思っております。

○小池晃君　国庫納付金が減るという問題がありますけれどもで済ませられる問題じゃないと思うんですよ、私、これは。だって、五千億円入り続けることが前提となった財政計画なわけですから、やっぱりそのことを放置していいのかと。もうちょっと時間がないので。

私は、この出口コストの問題というのは、日銀だけの問題じゃなくて、財政も含めてこれは日本の未来に関わる問題だと。ところが、見て見ぬふりで突き進むと。やっぱり異次元緩和やめなきゃ駄目ですよ。やっぱりこのトリクルダウンの政策から抜本的に転換するということをしなければいけないというふうに申し上げて、質問を終わります。

雨宮日銀理事「出口で〝二％逆ざや〟の際の日銀の損失は年五・二兆円」

《二〇一六年三月三一日　参議院財政金融委員会》

（出所は、第一九〇回国会　参議院財政金融委員会会議録第九号）

質問者は大久保勉参議院議員（民進党）で、参考人として出席した雨宮日本銀行理事、麻生財務大臣、迫田財務省理財局長に対する質疑から抜粋

（利上げ局面で二％の逆ざやが発生した場合の日銀の損失は幾らか、という質問に対して）

○参考人（雨宮正佳君）　足下、直近の三月二十日の数字でございますけれども、これは先生の資料にもありますとおり、私どもの保有国債残高が三百五十二・九兆円、発行銀行券残高が九十五・二兆円ということでございますので、その差額、銀行券発行残高を除いた国債保有残高は二百五十八兆円ということでございますので、これに二％ということを掛けますと五・二兆円とい

うことになるわけでございます。

○大久保勉君　ここで危惧しますのは、今、毎年八十兆円国債を購入すると。実際、国債の利回りはゼロ％ですから、運用利回りがゼロ％のものが一年間で八十兆、二年間で百六十兆増えます。さらに、二％逆ざやになった場合には、これで三・二兆逆ざやになります。ですから、合計をしましたら九兆円超です。日銀の狭義の自己資本というのは五兆円以下です。ですから、日銀が債務超過になる可能性もあるわけです。

もっと重要なことは、これは一年で終わりません。毎年毎年逆ざやが続きますから、毎年五兆円、次の年も五兆円ということで、累積して損失が増えると。こういった状況で、日本銀行の経営危機はないのか、そしてそのことが日本の経済にとってどういう影響があるかと、こういった観点が極めて重要です。

そこで、財務大臣に質問したいと思いますが、恐らく債務超過でしたら日本銀行に対して国が何らかの資本手当てをするということだと思いますが、政府による日本銀行への出資を行う場合、現行の日銀法で可能ですか。質問します。

○国務大臣（麻生太郎君）　日銀の資本金なんだと思いますが、日銀法において「政府及び政府以外の者からの出資による一億円とする。」とされておりますのは御存じのとおりで、この規定に基づいて日銀の資本金は現在一億円となっておりますので、したがって、現行の日銀法におきましては政府による日銀への追加出資はできないということになろうかと存じます。

（G7でこれまで債務超過になった中央銀行はあるか、ただし、中央銀行の為替介入によるロスは除いて、という質問に対して）
○**政府参考人（迫田英典君）**　各国中央銀行のホームページで決算等が公表されておりますので、可能な範囲で確認を行いました。
アメリカ、イギリス、それからECB、カナダについては、このホームページでの公表数字を見る限り、債務超過ということはないようでございます。ただ、かなり遡りますが、西ドイツの中央銀行におきまして、一九七一年から七九年の間の七か年間、この数字を見ますと実質的な債務超過とも見れる、そういう数字が公表されております。
○**大久保勉君**　私は限定をしました。つまり、これはどういう理由ですか。ブンデスバンク自身はマルクの為替介入をしています。ですから、その結果、一時的に為替における損失が発生して債務超過になったんじゃないですか。
○**政府参考人（迫田英典君）**　必ずしも十分な分析までしておりませんけれども、西ドイツ中銀の先ほどの実質的な債務超過というのは、一つの原因として、マルク高の進行による為替差損というものが影響しているというふうに見られております。

○大久保勉君　まさにそうじゃないですか。ですから、今回の要因というのは、日本銀行の国内要因によって損失ができるということでかなり深刻なものです。

……チェコ、イスラエル、チリにおいて中央銀行が債務超過となっておりますが、そのときインフレ率は何％でありましたか、また民間銀行の影響はどのようなものでしたか、質問したいと思います。

○参考人（雨宮正佳君）　御指摘のとおり、御指摘のありました三つの中銀、チェコ、イスラエル、チリは現在においても債務超過が残っているわけでございますけれども、これらの中央銀行が債務超過となったときの各国のインフレ率でございますが、チェコが一九九九年に二・一％、イスラエルが二〇〇〇年に一・一％、チリが一九九八年に五・一％ということでございました。

これらの国はやはり保有外貨資産の評価損で債務超過となったようでございますけれども、基本的には中央銀行に対する信認はこの間維持されておりまして、物価や金融システムの安定という面でこれによって大きな問題が生じているわけではないというふうに承知してございます。

○大久保勉君　このケースというのは全ていわゆる為替による損なんです。つまり、外貨を持っていた、ところが国内要因で、つまり国債を多量に買ってその結果逆ざやで債務超過になったというケースは、このチェコ、イスラエル、チリにおいてあり得ますか。

○参考人（雨宮正佳君）　詳しい原因まで今直ちに、手元に資料ございませんけれども、例えばベネズエラとかフィリピンですとか、やはり先生が御指摘のような要因で中央銀行が債務超過にならない、あるいは財務に対する配慮を前提に引締めができなかったということを理由にインフレが高進したという例はあるようでございます。

黒田日銀総裁「財務の問題を言って金融政策をしないということではいけない」

《二〇一六年五月二五日　衆議院財務金融委員会》

（出所は、第一九〇回国会　衆議院財務金融委員会会議録第一九号）

質問者は前原誠司衆議院議員（民進党）で、参考人として出席した黒田東彦日本銀行総裁に対する質疑の一部を抜粋

（日銀が二〇一五年度から積み立てを開始した引当金は出口を意識したものか、という問いに対して）

○黒田参考人　平成二十七年度の決算はまだ公表前でございますので、具体的な数字についてお答えすることは差し控えたいと思いますけれども、基本的にこれは、御案内のとおり、マイナス金利つき量的・質的金融緩和、こういったものを実施している局面では、長期国債の買い入れに伴う利息収入がふえまして、日銀の収益が通常よりも上振れるわけでございます。他方、将来金

利が上昇する局面では、収益が下振れる可能性がございます。

したがって、今般の、債券取引損失引当金を拡充することによって、収益が上振れる局面でその一部を積み立て、将来、収益が下振れる局面でこれを取り崩すということを可能にしたわけでございます。

これによって、日本銀行の収益の変動がならされて国庫納付金の額も平準化されるという効果があり、これ自体が何か国民負担をふやすというものではございません。
○前原委員　この金融政策というのは、よく言われるのは、行きはよいよい帰りは怖い。つまりは、お札を刷って、そして国債を大量に購入して、そしてマネタリーベース、マネーサプライを拡大しているという金融政策が、言ってみれば、攻めのときはいいわけですよ。さまざまなもので好循環を生むという、それが政策ですから、それはそれで、私も繰り返し申し上げたように否定はしませんが、では、それを平準化というか常態化するとき、つまり帰りですね、出口、これについては非常に難しいわけで、それについて本当にうまくいけるのかどうなのかといったところについてはわからないという答弁なんですが、これも繰り返し国会でやっていますけれども、ギャンブルのようなところがあるんです。
……つまりは、こういうオペレーションというものが最後はうまくいきませんでした、国民に対してツケ回しが来ました、請求書が来ましたということでは、これはまさにギャンブルで、それは黒田総裁が腹を切るだけでは済まない話なんです。

ですから私は、ここで確約をとるのが我々政治家の責任だと思うのは、私がここで聞きたいのは、必ず国民負担は生じさせないという確約ができてやっているのか、そういう確約を持って本当にやっているのか。そういう確約を持ってやっていなかったら無責任ということになりますよ、今さえよければいいということで。いかがですか。
○黒田参考人　日本銀行の使命は、物価の安定と金融システムの安定ということでございます。そうした際に、当然のことながら、日本銀行の財務の健全性というものも十分考慮しつつ、今申し上げた二つの目標に向けて最大限の努力をするということでございます。
したがって、財務の状況については、今繰り返し申し上げておりますように、十分配慮しつつやっているわけですが、財務の問題、その可能性を言って金融政策をしない、あるいは物価の安定、金融の安定の目標を達成しないということではいけないと思っておりますので、委員御指摘の点は十分理解しつつ、今後とも、物価安定に向けて最大限の努力をしてまいりたいというふうに思っております。
○前原委員　つまりは、国民負担は生じ得るということを認められたわけですよ。
そして、私が先ほどお話をしたように、余りコミットメントを金融緩和でし過ぎると、結果的に副作用とかこういうひずみというものが大きくなるので、私は、もう少しマイルドなものにした方がいい、より持続可能なものにした方がいい、あるいは、その最終段階においてよりマネジメント可能なものにした方がいいということは、申し上げておきたいというふうに思います。

（以下、略）

第一〇章　子どもたちの将来への責任

「お上頼み」の気質が強い日本人

私たちの国が、今後も安定的な経済運営を続けていくことができるようにするうえで、残された時間はもうそれほど残されてはいないように思います。一見「無風」状態の表面とは裏腹に、この国の先行きを決定的に揺るがしかねない巨大なリスクが、今、この国の中央銀行にもっぱら蓄積されてしまっているように思います。

私たち国民が、もともと中央銀行の金融政策運営とはどのようなものかを、あまりよく知らずに暮らしてきたのをいいことに、「デフレ脱却」という「錦の御旗」のもと、中央銀行の金融政策運営と政府の財政運営との一体化という「事実上の財政ファイナンス」がこの国の根幹に、深く根を下ろしてしまっています。いつまでも「中央銀行はいくらでもお札を刷ればよいのだから、何をやっても大丈夫だろう」というレベルの認識でいるようでは、この国の先行きが本当に危うくなってしまいます。

私たち日本人は、相当前から「お上頼み」の気質が強い、と言われてきました。

しかし、残念ながら、この国の今の「お上」の実態はどうでしょうか。国の長期的な先行きなど何も考えずに、平気になってしまっているのではないでしょうか。もう「お上頼み」で平穏に暮らしていける時代ではなくなってしまったような気がします。にもかかわらず、この国では私たち国民以上にメディアが「お上頼み」になってしまっているような感がなくもありません。

本書のなかで紹介した『昭和財政史　終戦から講和まで』のシリーズと各巻の要録を読むと、そのなかに、「福田赳夫官房長兼秘書課長」や、財産税実施前に主税局でＧＨＱとの交渉に同席している「宮沢事務官」のお名前が出てきます。当時、若き大蔵官僚であったであろう宮沢喜一元首相・蔵相・財務相のことではないかと思われます。戦争で疲弊した国民に、さらに過酷な経済的な負担を強いた、第二次大戦後の債務調整に関わっておられたのです。

その宮沢元首相が、もし今もご存命であったら、この国の今のような政策運営を果たしてどのようにご覧になるでしょうか。

自由民主党にもかつては、もっと真剣に財政再建に向き合い、取り組もうとしていた方々がおられた時代があったように思います。でも今では、こうした政策運営を「止められる人」がいなくなってしまったようです。

欧州では、債務危機に中央銀行がどう対応すべきかをめぐり、当局者の間に迷いが生じ、不協和音が響いた時期がありました。ドイツ出身の関係者が相次いで辞任しました。後任のワイトマン現独連銀総裁も、就任直後は数回、辞任を検討したと報じられています。「易きに流れそうに」なったECBの政策運営に自らの身をもって抵抗しようとする、気骨あるセントラル・バンカーの姿を、ドイツ国民や欧州の人々はみています。そして、債務危機後は、はからずも、これらのセントラル・バンカーたちが懸念した方向に転びかけていったのです。

しかし、ECBのよいところは、その設立の際から、多様な意見を尊重しなければ意思決定できないような組織運営上の枠組みが整えられていたことです。債務危機の初期、ECBのSMP（証券市場プログラム）による苦い経験は、その後、危機の火の手が最も高く上がったときに組まれたOMT（短・中期国債買い切りオペ）の設計に活かされたように見受けられます。その後、実際にその適用を申請する国は現れないほどの厳しい枠組みでありながら、債務危機の火の手を鎮めるうえで絶大な威力を発揮したのです。欧州では

「止められる人」がいたのです。そして次なる政策運営の意思決定をする際、ドラギ総裁のリーダーシップもさることながら、そのような「止めようとする人たち」の意見をも尊重するという、組織的な枠組みが整えられていたことが功を奏した、ということなのでしょう。

「想定外」という言い訳は許されない

私は、この国の施政者の方々、当局者の方々に問いたいと思います。

皆さんに、ご家族はおられないのですか。

ご自分のお子さん、お孫さん、そして、この国の子どもたち全員に、これからこの国が財政と経済の営みをどうやって続けていくことができるのか、この国がどうやって生き延びていくことができるのか、堂々と胸を張って説明できますか。

この国の国民に対する使命感、子どもたちの将来に対する責任感はないのでしょうか。

今のままの政策運営がこのまま続けられてしまったとき、遠くない将来のいずれかの時点で、日銀の金融政策運営がコントロール不能となる可能性が高いのではないかと私は思います。そのような状況に陥ったとき、過去の経験を振り返れば、国内外の経済・金融情勢の「ごくありふれた」という程度の変化にもついていかれなくなりかねないと思います。

その結果、この国全体の経済の営みに、一億の国民の生活と人生に、大きな打撃が及ばざるを得なくなったとき、施政者の方々、当局者の方々は、まるで大地震か大津波のような天災にでも突然、襲われたかのように、「想定外の事態が発生してしまいました」と言い訳をするのでしょうか。

私は、それは違うと思います。

少なくとも、主要先進国では、どこの国の当局者も、先行きのそのような情勢変化に対応できるように常に考えて備えつつ、日々の政策運営を行っています。

「〝今〟のためなら、この国の将来がどのように犠牲になってもよい」「このまま国内外で、ずっと〝ゼロ金利〟もしくは〝マイナス金利〟状態が継続する以外の状況は、現時点ではすべて〝想定外〟だ」などという言い訳は、この国の将来に向かって、決して許されるものではない、と私は考えます。

このままでは、近い将来に間違いなく起こるであろう〝変化〟に備えようとしていないわが国では、危機は起こるべくして起こるのです。

あとがき

「本と新聞の大学」での一講座として、この国の財政と経済のゆくえについて、お話させていただく機会をいただいたのは、二〇一五年一一月のことでした。

これは、朝日新聞社と集英社が主催する、社会人大学のような八回リレー方式の講座です。当日、集まっていたのは、七〇名ほどの老若男女の方々でした。社会人としての第一線を退かれたような方から、お若い方では大学生のようなお顔も見えました。

その方々が、普段、あまり馴染みがないであろう、財政やら金融政策やら経済やらという私の話を、熱心にきいてくださいました。こちらもなかなかうまく説明できず、日銀のバランス・シートがどうなっているのか、といったあたりの話は、ややわかりにくかったようですが、それでも最後までよくきいてくださいました。途中からは、だんだん皆さんのお顔が曇っていくような感じがしました。

私がひととおり話を終えた後は、意見や質問の手がたくさん挙がりました。例えば、「金融経済学とは違うかもしれないが、日本はこれから経済成長していくことが絶対に必要なのか。成熟経済になって、やはり全体として倹約する方向で、消費税も上げ、社会保障費はある程度抑制していかないと難しい。そういうときに経済成長だけいうのはどうか」

私は、そのとおりだと思います、とお答えしました。

「今回、このセミナーを受けるに当たって、どうやったら借金を返せるんだろうかと考えた。今、大体一〇〇〇兆円借金があって、国の税収が五〇兆円くらい。今後、一切借金をしないとして、税収のなかから例えば一〇パーセント、五兆円を毎年返しても二〇〇年かかる。現実的とは全く思えないが、この借金は普通にしていて返せるものなのか」

この質問には、普通にしていてはとても返せそうにないからこそ、どこかで、ドカンと非連続的な調整が来ざるを得なくなるかもしれない、とお答えしました。

こうやって、これほどの借金を抱えてしまった国の先行きを心配する方が普通の感覚、国民の良識だと思います。実際、この「本と新聞の大学」のときばかりではなく、私がこれまで職場や仕事関係以外で、ともに子どもたちを育て、ともに生きてきた身近な仲間たちと話していても、同じような声が出てきます。

毎週土曜日の朝、ポストから朝刊をとってくると、私がまず開くのは朝日新聞の別刷り「ｂｅ」の「悩みのるつぼ」です（経済部の記者の方々、ゴメンナサイ）。とりわけ、四週に一度登場される社会学者の上野千鶴子先生の回を楽しみにしています。その、今年（二〇一六年）五月七日の回の上野先生の回答には、次のようなくだりがありました。

教師を長い間つとめてきたわたしは、偏差値の高い学生さんは騙《だま》しやすいのに対し、そうでもない人は騙しにくいと思ってきました。子どもと同じように、彼らは相手の言語的なメッセージにではなく、非言語的なメッセージに反応するからです。このひとは自分に対して本気かどうか、と。

上野先生の、悩み相談へのこの回答は、全く別の文脈でのものなのですが、私はこれを読んだとき、今のこの国の経済運営にもピッタリ当てはまるのではないかと思ってしまいました。騙されやすいのは「学生さん」だけではないような気がします。

本書をこの国の今の経済運営に不安や疑問を感じてきた方々にとって、この国の先行きを真剣に考えていただくうえでの、一つの手がかりとしていただければ幸いです。

最後に、「本と新聞の大学」をきっかけに、本書の執筆を強くお勧めくださり、そして刊行に至るまでの道のりでも大変にお世話になった、集英社新書編集部の落合勝人編集長と、西潟龍彦部次長兼編集長に、心より感謝申し上げたいと思います。

河村小百合

二〇一六年一〇月

参考文献

池尾和人「見直し必要な日銀の戦略　金融政策には限界がある「戦術」で補えない「戦略」の失敗」『週刊エコノミスト』毎日新聞出版、二〇一六年四月五日
池尾和人「ヘリコプターマネーの是非〈下〉なし崩し的に実施の恐れ　金融緩和の出口　議論急げ」経済教室『日本経済新聞』二〇一六年六月八日付、日本経済新聞社
岩田一政・左三川郁子・日本経済研究センター編著『マイナス金利政策　3次元金融緩和の効果と限界』日本経済新聞出版社、二〇一六年八月
植田和男「異見達見　無利子永久債に危うさ」『日経ヴェリタス』二〇一六年七月三日付、日本経済新聞社
大久保和正「政府紙幣発行の財政金融上の位置づけ　—実務的観点からの考察—」『PRI Discussion Paper Series』No.04A-06、財務省財務総合政策研究所研究部、二〇〇四年四月
大蔵省財政史室編『昭和財政史　終戦から講和まで』全二〇巻の各巻、東洋経済新報社、一八七六～八四年
翁邦雄『金融政策のフロンティア　国際的潮流と非伝統的政策』日本評論社、二〇一三年一月
翁邦雄『経済の大転換と日本銀行』シリーズ 現代経済の展望、岩波書店、二〇一五年三月
翁邦雄「【特集】検証ヘリコプターマネー　財政負担軽減メリットはなく、財政規律の回復を不可能にしかねない」『週刊金融財政事情』金融財政事情研究会、二〇〇六年七月二五日
加藤出『日銀、「出口」なし！　異次元緩和の次に来る危機』朝日新聞出版、二〇一四年七月

河村小百合「そして預金は切り捨てられた　戦後日本の債務調整の悲惨な現実」ダイヤモンドオンライン、ダイヤモンド社、二〇一三年八月一九日
河村小百合「財政再建にどう取り組むか　国内外の重債務国の歴史的経験を踏まえたわが国財政の立ち位置と今後の課題」『ＪＲＩレビュー』日本総合研究所、二〇一三年九月
河村小百合「財政再建の選択肢」『ＪＲＩレビュー』日本総合研究所、二〇一四年四月
河村小百合「【終戦直後の二の舞い？】財政再建の選択肢（上）待ち受ける事態はいかなるものか」『金融財政ビジネス』時事通信社、二〇一四年四月二一日
河村小百合「【「身の丈に合った運営」とは】財政再建の選択肢（下）ルールとガバナンス強化か、国のかたちの刷新か」『金融財政ビジネス』時事通信社、二〇一四年四月二四日
河村小百合「海外主要中央銀行による非伝統的手段による金融政策運営と課題」『ＪＲＩレビュー』日本総合研究所、二〇一四年一一月
河村小百合『欧州中央銀行の金融政策』金融財政事情研究会、二〇一五年一月
河村小百合「「異次元緩和」からの正常化とは何を意味するのか」『週刊金融財政事情』金融財政事情研究会、二〇一五年五月一八日
河村小百合「「出口」局面に向けての非伝統的金融政策運営をめぐる課題」『ＪＲＩレビュー』日本総合研究所、二〇一五年七月
河村小百合「諸外国におけるインフレーション・ターゲティングをめぐる経験」『ＪＲＩレビュー』日本総合研究所、二〇一五年一一月

河村小百合「米連邦準備制度の正常化戦略と今後の金融政策運営の考え方」『JRIレビュー』日本総合研究所、二〇一六年五月
河村小百合「リフレ派の変節」『円債投資ガイド』時事通信NX-WEB、二〇一六年五月二五日
河村小百合「欧州各国の中央銀行にみるマイナス金利による金融政策運営の枠組みと考え方」『JRIレビュー』日本総合研究所、二〇一六年六月
河村小百合「理解ありし国際機関からの警告」『円債投資ガイド』時事通信NX-WEB、二〇一六年七月一一日
河村小百合「第7回　この国の財政・経済のこれから」『「戦後80年」はあるのか「本と新聞の大学」講義録』集英社、二〇一六年八月
河村小百合「「3次元緩和」下における日銀の財務運営と課題」『週刊金融財政事情』金融財政事情研究会、二〇一六年九月一二日
白井さゆり『超金融緩和からの脱却』日本経済新聞出版社、二〇一六年八月
白川方明『現代の金融政策　理論と実際』日本経済新聞出版社、二〇〇八年三月
ドイツ連邦銀行編『ドイツ連邦銀行　金融政策上の課題と政策手段』葛見雅之・石川紀訳、学陽書房、一九九二年八月
東京新聞・中日新聞経済部編『人びとの戦後経済秘史』岩波書店、二〇一六年八月
東短リサーチ編／黒田啓征・加藤出（編集代表）『東京マネー・マーケット（第7版）』有斐閣、二〇〇九年五月

西村吉正編『復興と成長の財政金融政策』大蔵省印刷局、一九九四年八月
日本銀行金融研究所編『日本銀行の機能と業務』有斐閣、二〇一一年三月
早川英男『金融政策の「誤解」〝壮大な実験〟の成果と限界』慶應義塾大学出版会、二〇一六年七月
藤木裕・戸村肇「「量的・質的金融緩和」からの出口における財政負担」working paper J-13 公益財団法人東京経済研究センター、二〇一五年九月
米国連邦準備制度理事会『米国連邦準備制度　その目的と機能』日本銀行米国金融市場研究会訳、日本信用調査出版部、一九八五年一二月
Ben S. Bernanke, *What tools does the Fed have left? Part 1: Negative interest rates*, Brookings Institution (http://www.brookings.edu/blogs/experts/brnankeb), March 18, 2016.
Ben S. Bernanke, *What tools does the Fed have left? Part2: Targeting longer-term interest rates*, Brookings Institution (http://www.brookings.edu/blogs/experts/brnankeb), March 24, 2016..
Ben S. Bernanke, *What tools does the Fed have left? Part 3: Helocopter money*, Brookings Institution (http://www.brookings.edu/blogs/experts/brnankeb), April 11, 2016.
Board of Governors of the Federal Reserve System, *The Federal Reserve System Purposes and Functions*, Ninth Edition, June 2005.
Seth B. Carpenter, Jane E. Ihrig, Elizabeth C. Klee, Daniel W. Quinn, and Alexander H. Boote "The Federal Reserve's Balance Sheet and Earnings: A primer and projections", *Finance and Economics Discussion Series* 2013-01, Divisions of Research & Statistics and Monetary Affairs, Federal Reserve